Ivan Kouchnir

Économie de l'Eswatini

Série "Economie dans les pays"

première publication: 2020
dernière mise à jour: 2021-01-21

Ivan Kouchnir. Économie de l'Eswatini. Série "Economie dans les pays". - 2020. - 72 pages.

Ce livre sur l'économie de l'Eswatini des années 1970 aux années 2010. Données source provenant de UN Data.

Taille. Dans les années 2010, le PIB de l'Eswatini s'élevait à 4,5 milliards de dollars par an; la valeur de l'agriculture était de 418,2 millions de dollars; la valeur de l'industrie était de 1,4 milliards de dollars. Comme la part dans le monde était inférieure à 0,01%, le pays est classé en tant que micro-économie.

Productivité. Dans les années 2010, le PIB par habitant était de 4 067,0 dollars; l'agriculture par habitant était de 379,3 dollars; l'industrie par habitant était de 1 312,3 dollars. Étant donné que la productivité est comprise entre la moyenne inférieure à la moyenne et la moyenne, l'économie est classée comme en développement.

Croissance. Dans les années 2010, la croissance du PIB était de 2,5%; la croissance de l'agriculture était de -0,57%; la croissance de l'industrie était de 2,7%.

Structure. Dans les années 2010, l'économie du Swaziland était composée des secteurs suivants: services (27,2%), industrie (21,2%), agriculture (20,9%), commerce (20,3%), construction (5,3%), transport (5,1%).

Exportation et importation. Dans les années 2010, les importations étaient supérieures de 8,7% aux exportations, les importations nettes représentant 3,6% du PIB. La structure technologique des exportations n'est pas meilleure que la structure des importations.

Consommation et reproduction. L'attitude de la reproduction vis-à-vis de la consommation n'est pas meilleure que la moyenne mondiale; ainsi la part du PIB dans le monde n'augmentera donc pas.

Série "Economie dans les pays": parallel.page.link/fr

© Ivan Kouchnir, 2020

Tous les droits sont réservés.

ISBN: 9798614866709

Contenu

Partie I. Taille — 4
    Chapitre I. Produit intérieur brut — 5
    Chapitre II. Valeur ajoutée — 9
    Chapitre III. Revenu national brut — 13

Partie II. Structure — 17
    Chapitre IV. Agriculture — 18
    Chapitre V. Industrie — 22
        Chapitre 5.1. Fabrication — 26
    Chapitre VI. Construction — 31
    Chapitre VII. Transport — 35
    Chapitre VIII. Commerce — 39
    Chapitre IX. Services — 43

Partie III. Relations extérieures — 47
    Chapitre X. Exportations — 48
    Chapitre XI. Importations — 52

Partie IV. Consommation — 56
    Chapitre XII. Dépenses publiques — 57
    Chapitre XIII. Dépenses ménagères — 61
    Chapitre XIV. Consommation de nourriture — 65

Partie V. Reproduction — 68
    Chapitre XV. Formation de capital fixe — 69

Partie I. Taille

	Les années 2010
PIB	4,5 milliards de dollars
Partager dans le monde	0,0058%
Partager en Afrique	0,19%
Partager en Afrique australe	1,1%

Chapitre I. Produit intérieur brut

Le PIB du Swaziland est passé de 352,6 millions de dollars par an dans les années 1970 à 4,5 milliards de dollars par an dans les années 2010, c'est-à-dire 4,1 milliards de dollars ou de 12,7 fois. La variation a été de 2,5 milliards de dollars en raison de l'augmentation de 2,3 fois des prix, et de 1,2 milliards de dollars en raison de la croissance de productivité de 2,5 fois, et de 432,4 millions de dollars en raison de la croissance démographique. La croissance annuelle moyenne du produit intérieur brut était de 4,8%. La valeur minimale était de 154,7 millions de dollars en 1970. La valeur maximale était de 4,9 milliards de dollars en 2012.

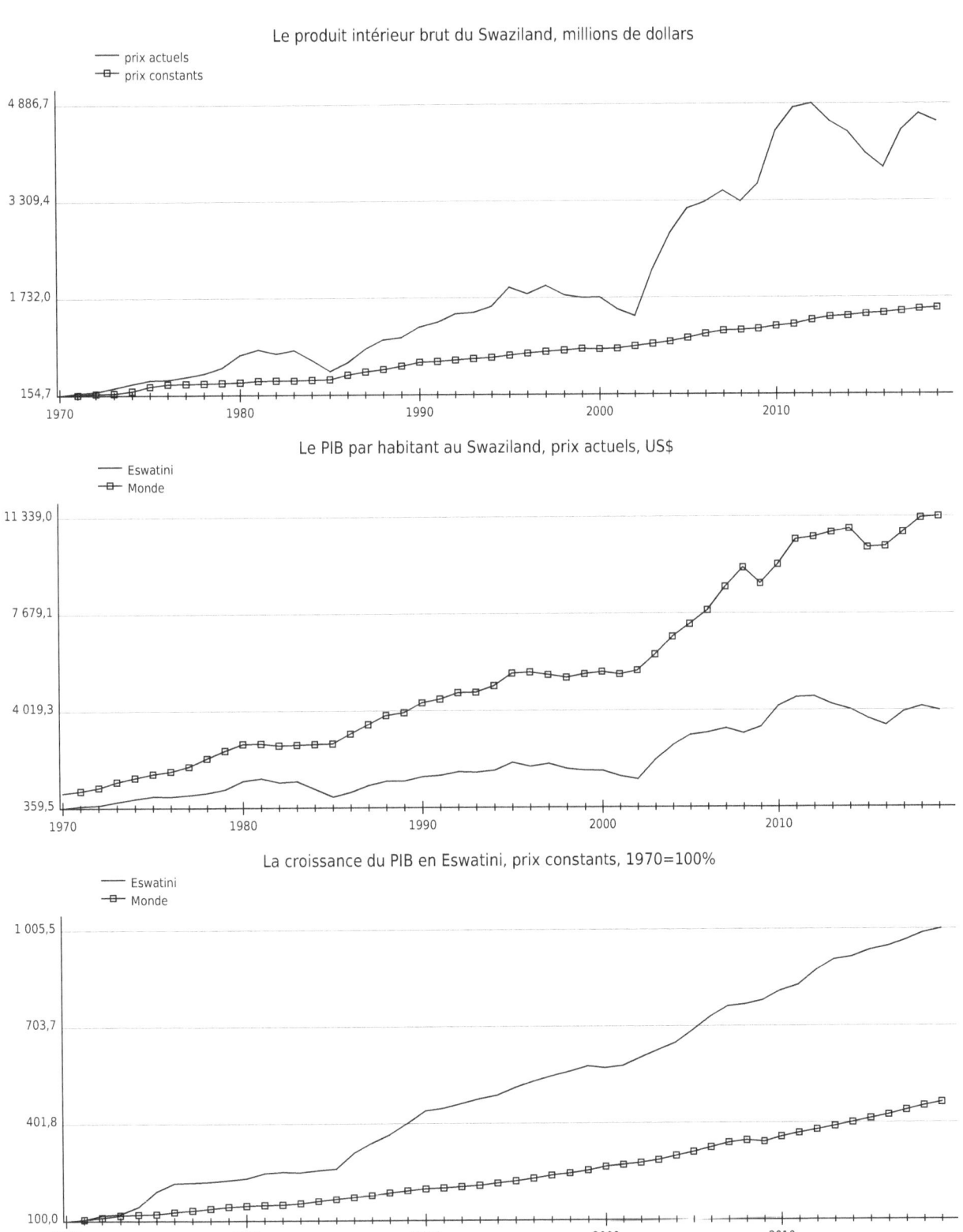

Les années 1970

Le produit intérieur brut de l'Eswatini était de 352,6 millions de dollars par an dans les années 1970, se classant au 146ème rang mondial. La part dans le monde était de 0,0054% et de 0,13% en Afrique.

Le produit intérieur brut de l'Eswatini était constitué des dépenses ménagères (53,0%), de la formation de capital (27,0%) et des dépenses publiques (18,4%).

Le PIB par habitant en Eswatini était de 712 dollars dans les années 1970, se situant au 105ème rang mondial, à égalité avec Maurice (711,8 de dollars), l'Est (709,4 de dollars), la Jordanie (715,4 de dollars). Le produit intérieur brut par habitant au Swaziland était 2,3 fois inférieur le PIB par habitant au Monde (1 620,8 US$), et 9,8% supérieur le produit intérieur brut par habitant en Afrique (648,3 US$).

La croissance du PIB en Eswatini était de 9.5% dans les années 1970, se classant au 13ème rang mondial. La croissance du produit intérieur brut au Swaziland (9,5%) a été supérieure à celle du monde (4,1%), et supérieure à celle de l'Afrique (4,5%).

Comparaison avec les voisins. Le produit intérieur brut de l'Eswatini était inférieur à celui de l'Afrique du Sud (35,0 milliards de dollars) et du Mozambique (5,6 milliards de dollars). Le produit intérieur brut par habitant en Eswatini était supérieur à celui du Mozambique (558,2 de dollars); mais inférieur à celui de l'Afrique du Sud (1 404,8 de dollars). La croissance du produit intérieur brut au Swaziland était supérieure à celle du Mozambique (3,9%) et de l'Afrique du Sud (3,0%).

Comparaison avec les leaders. Le produit intérieur brut du Swaziland était inférieur à celui des États-Unis (1,7 billions de dollars), de l'URSS (649,4 milliards de dollars), du Japon (558,0 milliards de dollars), de l'Allemagne (484,2 milliards de dollars) et de la France (333,2 milliards de dollars). Le produit intérieur brut par habitant au Swaziland était inférieur à celui des États-Unis (7 838,7 de dollars), de la France (6 214,9 de dollars), de l'Allemagne (6 148,9 de dollars), du Japon (5 011,3 de dollars) et de l'URSS (2 574,9 de dollars). La croissance du PIB au Swaziland était supérieure à celle de l'URSS (4,8%), du Japon (4,6%), de la France (3,9%), des États-Unis (3,5%) et de l'Allemagne (3,1%).

Les années 1980

Le PIB de l'Eswatini était de 837,3 millions de dollars par an dans les années 1980, au 145ème rang mondial. La part dans le monde était de 0,0055% et de 0,16% en Afrique.

Le PIB du Swaziland était constitué des dépenses ménagères (74,1%), de la formation de capital (23,1%) et des dépenses publiques (17,4%).

Le PIB par habitant au Swaziland était de 1214.1 dollars dans les années 1980, se situant au 108ème rang mondial, à égalité avec le Botswana (1 215,6 de dollars), l'Asie (1 222,0 de dollars), l'Irak (1 222,1 de dollars). Le produit intérieur brut par habitant au Swaziland était 2,6 fois inférieur le PIB par habitant au Monde (3 123,4 US$), et 22,2% supérieur le produit intérieur brut par habitant en Afrique (993,3 US$).

La croissance du PIB au Swaziland était de 5.9% dans les années 1980, se situant au 27ème rang mondial, à égalité avec Sainte-Lucie (5,9%). La croissance du produit intérieur brut au Swaziland (5,9%) a été supérieure à celle du monde (3,0%), et supérieure à celle de l'Afrique (1,8%).

Comparaison avec les voisins. Le PIB du Swaziland était inférieur à celui de l'Afrique du Sud (82,9 milliards de dollars) et du Mozambique (6,3 milliards de dollars). Le PIB par habitant au Swaziland était supérieur à celui du Mozambique (501,2 de dollars); mais inférieur à celui de l'Afrique du Sud (2 570,8 de dollars). La croissance du PIB au Swaziland était supérieure à celle de l'Afrique du Sud (2,2%) et du Mozambique (-0,18%).

Comparaison avec les leaders. Le PIB du Swaziland était inférieur à celui des États-Unis (4,2 billions de dollars), du Japon (1,8 billions de dollars), de l'Allemagne (990,0 milliards de dollars), de l'URSS (887,0 milliards de dollars) et de la France (729,5 milliards de dollars). Le PIB par habitant en Eswatini était inférieur à celui des États-Unis (17 427,1 de dollars), du Japon (14 970,9 de dollars), de la France (12 907,5 de dollars), de l'Allemagne (12 688,8 de dollars) et de l'URSS (3 222,9 de dollars). La croissance du produit intérieur brut en Eswatini était supérieure à celle de l'URSS (4,3%), du Japon (4,3%), des États-Unis (3,1%), de la France (2,3%) et de l'Allemagne (1,9%).

Les années 1990

Chapitre I. Produit intérieur brut

Le produit intérieur brut de l'Eswatini était de 1,6 milliards de dollars par an dans les années 1990, se situant au 158ème rang mondial à égalité avec le Tadjikistan (1,6 milliards de dollars). La part dans le monde était de 0,0057% et de 0,28% en Afrique.

Le PIB de l'Eswatini était constitué des dépenses ménagères (80,1%), de la formation de capital (18,4%) et des dépenses publiques (17,0%).

Le produit intérieur brut par habitant en Eswatini était de 1780.1 dollars dans les années 1990, se classant au 113ème rang mondial, à égalité avec la Macédoine du Nord (1 803,2 de dollars). Le PIB par habitant en Eswatini était 2,8 fois inférieur le PIB par habitant au Monde (5 020,1 US$), et 2,1 fois supérieur le produit intérieur brut par habitant en Afrique (833,3 US$).

La croissance du PIB au Swaziland était de 3.7% dans les années 1990, au 76ème rang mondial. La croissance du produit intérieur brut en Eswatini (3,7%) a été supérieure à celle du monde (2,8%), et supérieure à celle de l'Afrique (2,4%).

Comparaison avec les voisins. Le PIB du Swaziland était inférieur à celui de l'Afrique du Sud (139,6 milliards de dollars) et du Mozambique (3,8 milliards de dollars). Le produit intérieur brut par habitant en Eswatini était supérieur à celui du Mozambique (253,5 de dollars); mais inférieur à celui de l'Afrique du Sud (3 421,3 de dollars). La croissance du PIB au Swaziland était supérieure à celle de l'Afrique du Sud (1,4%); mais inférieure à celle du Mozambique (6,2%).

Comparaison avec les leaders. Le PIB du Swaziland était inférieur à celui des États-Unis (7,6 billions de dollars), du Japon (4,3 billions de dollars), de l'Allemagne (2,2 billions de dollars), de la France (1,4 billions de dollars) et du Royaume-Uni (1,3 billions de dollars). Le PIB par habitant en Eswatini était inférieur à celui du Japon (34 325,0 de dollars), des États-Unis (28 654,0 de dollars), de l'Allemagne (27 003,8 de dollars), de la France (24 100,9 de dollars) et du Royaume-Uni (22 920,4 de dollars). La croissance du PIB au Swaziland était supérieure à celle des États-Unis (3,2%), du Royaume-Uni (2,3%), de l'Allemagne (2,2%), de la France (2,0%) et du Japon (1,5%).

Les années 2000

Le produit intérieur brut de l'Eswatini était de 2,6 milliards de dollars par an dans les années 2000, se classant au 160ème rang mondial à égalité avec Curaçao (2,6 milliards de dollars), les Fidji (2,6 milliards de dollars). La part dans le monde était de 0,0057% et de 0,24% en Afrique.

Le PIB de l'Eswatini était constitué des dépenses ménagères (74,9%), de la formation de capital (18,0%) et des dépenses publiques (17,6%).

Le PIB par habitant en Eswatini était de 2571.2 dollars dans les années 2000, se situant au 120ème rang mondial, à égalité avec les Îles Marshall (2 514,0 de dollars). Le produit intérieur brut par habitant au Swaziland était 2,8 fois inférieur le PIB par habitant au Monde (7 176,3 US$), et 2,1 fois supérieur le produit intérieur brut par habitant en Afrique (1 228,8 US$).

La croissance du produit intérieur brut au Swaziland était de 3.1% dans les années 2000, au 132ème rang mondial, à égalité avec le Luxembourg (3,0%), l'Australasie (3,0%), l'Andorre (3,0%). La croissance du produit intérieur brut en Eswatini (3,1%) a été supérieure à celle du monde (3,0%), et inférieure à celle de l'Afrique (5,1%).

Comparaison avec les voisins. Le PIB du Swaziland était inférieur à celui de l'Afrique du Sud (219,3 milliards de dollars) et du Mozambique (8,3 milliards de dollars). Le produit intérieur brut par habitant au Swaziland était supérieur à celui du Mozambique (411,5 de dollars); mais inférieur à celui de l'Afrique du Sud (4 602,8 de dollars). La croissance du produit intérieur brut au Swaziland était inférieure à celle du Mozambique (7,5%) et de l'Afrique du Sud (3,6%).

Comparaison avec les leaders. Le produit intérieur brut du Swaziland était inférieur à celui des États-Unis (12,6 billions de dollars), du Japon (4,7 billions de dollars), de l'Allemagne (2,8 billions de dollars), de la Chine (2,6 billions de dollars) et du Royaume-Uni (2,3 billions de dollars). Le PIB par habitant en Eswatini était supérieur à celui de la Chine (1 954,1 de dollars); mais inférieur à celui des États-Unis (42 841,2 de dollars), du Royaume-Uni (38 399,3 de dollars), du Japon (36 386,2 de dollars) et de l'Allemagne (33 966,8 de dollars). La croissance du PIB en Eswatini était supérieure à celle des États-Unis (1,9%), du Royaume-Uni (1,7%), de l'Allemagne (0,73%) et du Japon (0,50%); mais inférieure à celle de la Chine (10,3%).

Les années 2010

Le PIB du Swaziland était de 4,5 milliards de dollars par an dans les années 2010, se situant au 164ème rang mondial à égalité avec les Fidji (4,6 milliards de dollars). La part dans le monde était de 0,0058% et de 0,19% en Afrique.

Le PIB de l'Eswatini était constitué des dépenses ménagères (69,9%), des dépenses publiques (21,3%) et de la formation de capital (12,6%).

Le produit intérieur brut par habitant en Eswatini était de 4067 dollars dans les années 2010, se situant au 128ème rang mondial, à égalité avec l'Asie du Sud-Est (4 091,4 de dollars), les Samoa (4 091,7 de dollars), la Jordanie (4 116,9 de dollars). Le PIB par habitant en Eswatini était 2,6 fois inférieur le produit intérieur brut par habitant au Monde (10 603,1 US$), et 2,1 fois supérieur le produit intérieur brut par habitant en Afrique (1 979,5 US$).

La croissance du PIB au Swaziland était de 2.5% dans les années 2010, se situant au 126ème rang mondial, à égalité avec la Lettonie (2,5%). La croissance du produit intérieur brut au Swaziland (2,5%) a été inférieure à celle du monde (3,1%), et inférieure à celle de l'Afrique (2,9%).

Comparaison avec les voisins. Le PIB de l'Eswatini était 80,0 fois inférieur à celui de l'Afrique du Sud (358,8 milliards de dollars) et 3,3 fois inférieur à celui du Mozambique (14,8 milliards de dollars). Le produit intérieur brut par habitant en Eswatini était 7,4 fois supérieur à celui du Mozambique (551,8 de dollars); mais 37,7% inférieur à celui de l'Afrique du Sud (6 532,1 de dollars). La croissance du PIB au Swaziland était supérieure à celle de l'Afrique du Sud (1,7%); mais inférieure à celle du Mozambique (5,5%).

Comparaison avec les leaders. Le produit intérieur brut de l'Eswatini était 4 005,8 fois inférieur à celui des États-Unis (18,0 billions de dollars), 2 343,1 fois inférieur à celui de la Chine (10,5 billions de dollars), 1 166,0 fois inférieur à celui du Japon (5,2 billions de dollars), 816,6 fois inférieur à celui de l'Allemagne (3,7 billions de dollars) et 617,0 fois inférieur à celui du Royaume-Uni (2,8 billions de dollars). Le PIB par habitant au Swaziland était 13,8 fois inférieur à celui des États-Unis (56 220,1 de dollars), 11,0 fois inférieur à celui de l'Allemagne (44 732,1 de dollars), 10,4 fois inférieur à celui du Royaume-Uni (42 176,3 de dollars), 10,0 fois inférieur à celui du Japon (40 869,8 de dollars) et 45,7% inférieur à celui de la Chine (7 491,3 de dollars). La croissance du produit intérieur brut au Swaziland était supérieure à celle des États-Unis (2,3%), de l'Allemagne (1,9%), du Royaume-Uni (1,8%) et du Japon (1,3%); mais inférieure à celle de la Chine (7,7%).

Chapitre II. Valeur ajoutée

La valeur ajoutée du Swaziland est passé de 358,7 millions de dollars par an dans les années 1970 à 4,3 milliards de dollars par an dans les années 2010, c'est-à-dire 3,9 milliards de dollars ou de 11,9 fois. La variation a été de 2,4 milliards de dollars en raison de l'augmentation de 2,2 fois des prix, et de 1,1 milliards de dollars en raison de la croissance de productivité de 2,4 fois, et de 439,9 millions de dollars en raison de la croissance démographique. La croissance annuelle moyenne de la valeur ajoutée était de 4,5%. La valeur minimale était de 180,8 millions de dollars en 1970. La valeur maximale était de 4,7 milliards de dollars en 2012.

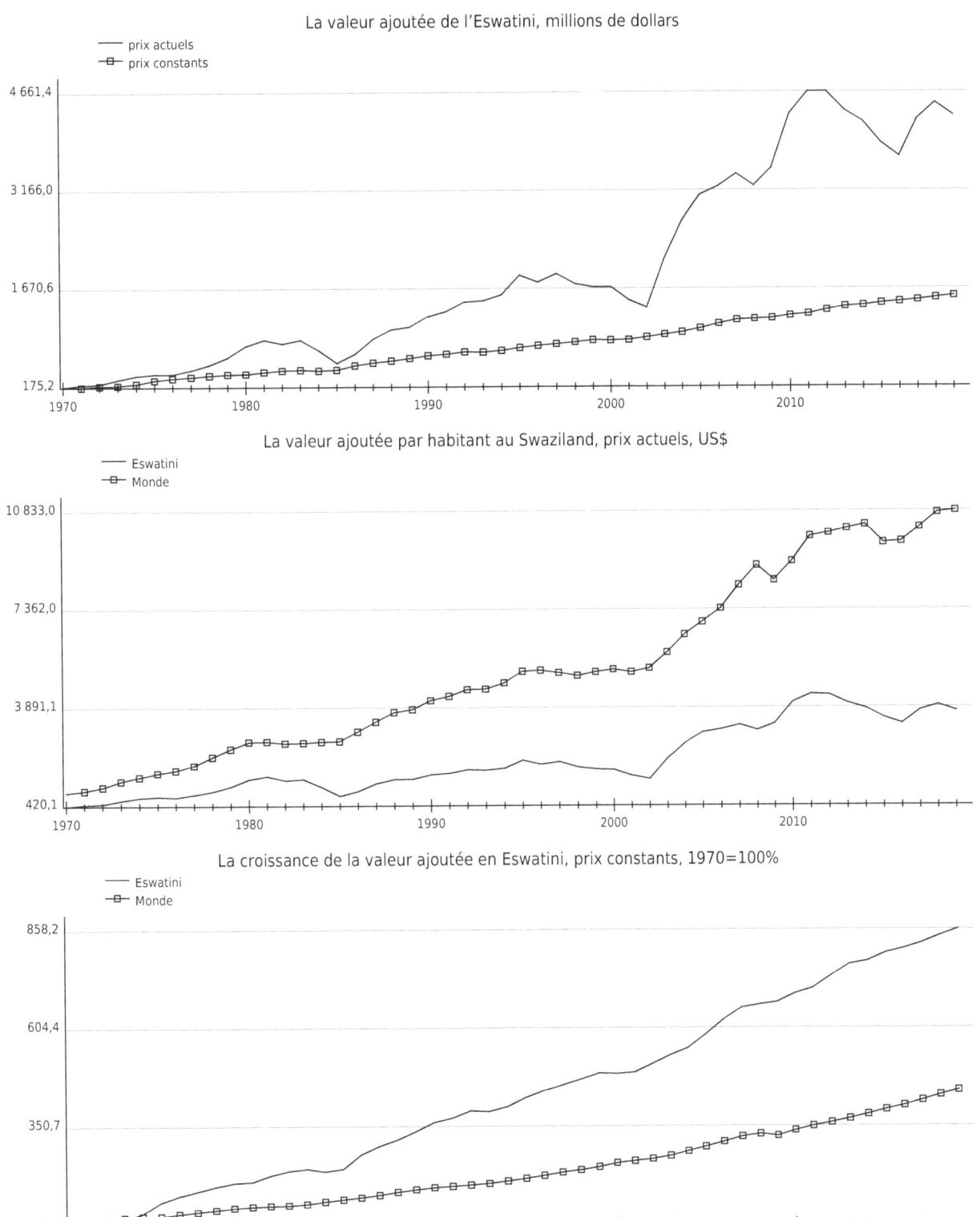

Les années 1970

La valeur ajoutée du Swaziland était de 358,7 millions de dollars par an dans les années 1970, se classant au 145ème rang mondial. La part dans le monde était de 0,0057% et de 0,14% en Afrique.

La valeur ajoutée totale de l'Eswatini était constituée de: services (27,2%), industrie (21,2%), agriculture (20,9%), commerce (20,3%), construction (5,3%), transport (5,1%).

La valeur ajoutée par habitant au Swaziland était de 724.4 dollars dans les années 1970, au 99ème rang mondial, à égalité avec Sainte-Lucie (723,4 de dollars), le Zimbabwe (707,2 de dollars). La valeur ajoutée par habitant au Swaziland était 2,2 fois inférieure la valeur ajoutée par habitant au Monde (1 564,4 US$), et 17,0% supérieure la valeur ajoutée par habitant en Afrique (619,0 US$).

La croissance de la valeur ajoutée au Swaziland était de 8.3% dans les années 1970, au 19ème rang mondial, à égalité avec Bahreïn (8,3%). La croissance de la valeur ajoutée en Eswatini (8,3%) a été supérieure à celle du monde (3,9%), et supérieure à celle de l'Afrique (4,9%).

Comparaison avec les voisins. La valeur ajoutée du Swaziland était inférieure à celle de l'Afrique du Sud (32,7 milliards de dollars) et du Mozambique (5,2 milliards de dollars). La valeur ajoutée par habitant en Eswatini était supérieure à celle du Mozambique (513,8 de dollars); mais inférieure à celle de l'Afrique du Sud (1 313,8 de dollars). La croissance de la valeur ajoutée au Swaziland était supérieure à celle du Mozambique (3,9%) et de l'Afrique du Sud (2,6%).

Comparaison avec les leaders. La valeur ajoutée du Swaziland était inférieure à celle des États-Unis (1,7 billions de dollars), de l'URSS (649,4 milliards de dollars), du Japon (545,3 milliards de dollars), de l'Allemagne (444,9 milliards de dollars) et de la France (297,3 milliards de dollars). La valeur ajoutée par habitant en Eswatini était inférieure à celle des États-Unis (7 767,9 de dollars), de l'Allemagne (5 650,3 de dollars), de la France (5 544,4 de dollars), du Japon (4 897,5 de dollars) et de l'URSS (2 574,9 de dollars). La croissance de la valeur ajoutée au Swaziland était supérieure à celle du Japon (4,9%), de l'URSS (4,8%), de la France (3,7%), de l'Allemagne (3,1%) et des États-Unis (2,9%).

Les années 1980

La valeur ajoutée du Swaziland était de 839,9 millions de dollars par an dans les années 1980, se classant au 145ème rang mondial à égalité avec le Liechtenstein (846,1 millions de dollars). La part dans le monde était de 0,0057% et de 0,16% en Afrique.

La valeur ajoutée totale du Swaziland était constituée de: services (30,3%), industrie (25,4%), commerce (18,0%), agriculture (15,8%), construction (5,6%), transport (4,8%).

La valeur ajoutée par habitant au Swaziland était de 1217.9 dollars dans les années 1980, se classant au 105ème rang mondial, à égalité avec la Tunisie (1 216,8 de dollars), la Papouasie-Nouvelle-Guinée (1 221,0 de dollars), la Grenade (1 201,2 de dollars). La valeur ajoutée par habitant en Eswatini était 2,5 fois inférieure la valeur ajoutée par habitant au Monde (3 029,9 US$), et 28,4% supérieure la valeur ajoutée par habitant en Afrique (948,7 US$).

La croissance de la valeur ajoutée au Swaziland était de 5.1% dans les années 1980, se situant au 33ème rang mondial. La croissance de la valeur ajoutée en Eswatini (5,1%) a été supérieure à celle du monde (2,9%), et supérieure à celle de l'Afrique (1,2%).

Comparaison avec les voisins. La valeur ajoutée du Swaziland était inférieure à celle de l'Afrique du Sud (75,9 milliards de dollars) et du Mozambique (6,0 milliards de dollars). La valeur ajoutée par habitant en Eswatini était supérieure à celle du Mozambique (481,5 de dollars); mais inférieure à celle de l'Afrique du Sud (2 354,2 de dollars). La croissance de la valeur ajoutée en Eswatini était supérieure à celle de l'Afrique du Sud (2,3%) et du Mozambique (-0,44%).

Comparaison avec les leaders. La valeur ajoutée de l'Eswatini était inférieure à celle des États-Unis (4,2 billions de dollars), du Japon (1,8 billions de dollars), de l'Allemagne (907,0 milliards de dollars), de l'URSS (887,0 milliards de dollars) et de la France (650,9 milliards de dollars). La valeur ajoutée par habitant en Eswatini était inférieure à celle des États-Unis (17 439,9 de dollars), du Japon (14 839,7 de dollars), de l'Allemagne (11 624,4 de dollars), de la France (11 516,2 de dollars) et de l'URSS (3 222,9 de dollars). La croissance de la valeur ajoutée en Eswatini était supérieure à celle de l'URSS (4,3%), du Japon (4,2%), des États-Unis (2,8%), de la France (2,2%) et de l'Allemagne (2,0%).

Les années 1990

La valeur ajoutée de l'Eswatini était de 1,6 milliards de dollars par an dans les années 1990, au 157ème rang mondial à égalité avec

Chapitre II. Valeur ajoutée

l'Arménie (1,6 milliards de dollars). La part dans le monde était de 0,0059% et de 0,29% en Afrique.

La valeur ajoutée totale de l'Eswatini était constituée de: industrie (35,3%), services (29,3%), commerce (17,9%), agriculture (8,5%), construction (4,9%), transport (4,0%).

La valeur ajoutée par habitant en Eswatini était de 1754.2 dollars dans les années 1990, au 110ème rang mondial, à égalité avec les Tonga (1 765,0 de dollars), le Monténégro (1 719,7 de dollars). La valeur ajoutée par habitant au Swaziland était 2,7 fois inférieure la valeur ajoutée par habitant au Monde (4 799,9 US$), et 2,2 fois supérieure la valeur ajoutée par habitant en Afrique (793,2 US$).

La croissance de la valeur ajoutée en Eswatini était de 3.7% dans les années 1990, se classant au 73ème rang mondial. La croissance de la valeur ajoutée en Eswatini (3,7%) a été supérieure à celle du monde (2,7%), et supérieure à celle de l'Afrique (2,3%).

Comparaison avec les voisins. La valeur ajoutée de l'Eswatini était inférieure à celle de l'Afrique du Sud (127,5 milliards de dollars) et du Mozambique (3,6 milliards de dollars). La valeur ajoutée par habitant en Eswatini était supérieure à celle du Mozambique (236,3 de dollars); mais inférieure à celle de l'Afrique du Sud (3 123,4 de dollars). La croissance de la valeur ajoutée au Swaziland était supérieure à celle de l'Afrique du Sud (1,3%); mais inférieure à celle du Mozambique (4,6%).

Comparaison avec les leaders. La valeur ajoutée de l'Eswatini était inférieure à celle des États-Unis (7,6 billions de dollars), du Japon (4,3 billions de dollars), de l'Allemagne (2,0 billions de dollars), de la France (1,3 billions de dollars) et du Royaume-Uni (1,2 billions de dollars). La valeur ajoutée par habitant en Eswatini était inférieure à celle du Japon (34 190,7 de dollars), des États-Unis (28 605,8 de dollars), de l'Allemagne (24 519,7 de dollars), de la France (21 588,1 de dollars) et du Royaume-Uni (21 414,8 de dollars). La croissance de la valeur ajoutée en Eswatini était supérieure à celle des États-Unis (2,8%), du Royaume-Uni (2,4%), de l'Allemagne (2,1%), de la France (1,8%) et du Japon (1,8%).

Les années 2000

La valeur ajoutée du Swaziland était de 2,6 milliards de dollars par an dans les années 2000, au 158ème rang mondial à égalité avec l'Andorre (2,6 milliards de dollars). La part dans le monde était de 0,0058% et de 0,24% en Afrique.

La valeur ajoutée totale du Swaziland était constituée de: industrie (36,8%), services (27,8%), commerce (15,6%), agriculture (11,1%), transport (4,8%), construction (3,9%).

La valeur ajoutée par habitant en Eswatini était de 2506.4 dollars dans les années 2000, se situant au 120ème rang mondial, à égalité avec le Guyana (2 549,7 de dollars), la Bosnie-Herzégovine (2 550,1 de dollars). La valeur ajoutée par habitant au Swaziland était 2,7 fois inférieure la valeur ajoutée par habitant au Monde (6 818,0 US$), et 2,1 fois supérieure la valeur ajoutée par habitant en Afrique (1 165,9 US$).

La croissance de la valeur ajoutée en Eswatini était de 3.2% dans les années 2000, se situant au 117ème rang mondial, à égalité avec la Nouvelle-Calédonie (3,2%), les Samoa (3,2%), d'Israël (3,3%). La croissance de la valeur ajoutée au Swaziland (3,2%) a été supérieure à celle du monde (2,9%), et inférieure à celle de l'Afrique (4,9%).

Comparaison avec les voisins. La valeur ajoutée du Swaziland était inférieure à celle de l'Afrique du Sud (197,9 milliards de dollars) et du Mozambique (7,4 milliards de dollars). La valeur ajoutée par habitant au Swaziland était supérieure à celle du Mozambique (365,6 de dollars); mais inférieure à celle de l'Afrique du Sud (4 153,6 de dollars). La croissance de la valeur ajoutée en Eswatini était inférieure à celle du Mozambique (7,7%) et de l'Afrique du Sud (3,5%).

Comparaison avec les leaders. La valeur ajoutée de l'Eswatini était inférieure à celle des États-Unis (12,6 billions de dollars), du Japon (4,7 billions de dollars), de la Chine (2,6 billions de dollars), de l'Allemagne (2,5 billions de dollars) et du Royaume-Uni (2,1 billions de dollars). La valeur ajoutée par habitant en Eswatini était supérieure à celle de la Chine (1 954,1 de dollars); mais inférieure à celle des États-Unis (42 840,8 de dollars), du Japon (36 383,0 de dollars), du Royaume-Uni (34 611,1 de dollars) et de l'Allemagne (30 717,6 de dollars). La croissance de la valeur ajoutée au Swaziland était supérieure à celle des États-Unis (1,7%), du Royaume-Uni (1,7%), de l'Allemagne (0,65%) et du Japon (0,27%); mais inférieure à celle de la Chine (10,2%).

Les années 2010

La valeur ajoutée du Swaziland était de 4,3 milliards de dollars par an dans les années 2010, se classant au 161ème rang mondial à égalité avec la Barbade (4,2 milliards de dollars). La part dans le monde était de 0,0058% et de 0,19% en Afrique.

La valeur ajoutée totale du Swaziland était constituée de: industrie (33,8%), services (32,8%), commerce (15,7%), agriculture (9,8%), transport (4,8%), construction (3,2%).

La valeur ajoutée par habitant au Swaziland était de 3882.8 dollars dans les années 2010, se classant au 126ème rang mondial, à égalité avec l'Albanie (3 904,7 de dollars), l'Asie du Sud-Est (3 974,2 de dollars). La valeur ajoutée par habitant en Eswatini était 2,6 fois inférieure la valeur ajoutée par habitant au Monde (10 094,6 US$), et 2,1 fois supérieure la valeur ajoutée par habitant en Afrique (1 886,4 US$).

La croissance de la valeur ajoutée en Eswatini était de 2.5% dans les années 2010, au 127ème rang mondial, à égalité avec l'Océanie (2,5%). La croissance de la valeur ajoutée au Swaziland (2,5%) a été inférieure à celle du monde (3,1%), et inférieure à celle de l'Afrique (2,7%).

Comparaison avec les voisins. La valeur ajoutée de l'Eswatini était 75,2 fois inférieure à celle de l'Afrique du Sud (322,0 milliards de dollars) et 3,1 fois inférieure à celle du Mozambique (13,2 milliards de dollars). La valeur ajoutée par habitant en Eswatini était 7,9 fois supérieure à celle du Mozambique (492,6 de dollars); mais 33,8% inférieure à celle de l'Afrique du Sud (5 863,1 de dollars). La croissance de la valeur ajoutée au Swaziland était supérieure à celle de l'Afrique du Sud (1,7%); mais inférieure à celle du Mozambique (5,3%).

Comparaison avec les leaders. La valeur ajoutée du Swaziland était 4 195,8 fois inférieure à celle des États-Unis (18,0 billions de dollars), 2 454,2 fois inférieure à celle de la Chine (10,5 billions de dollars), 1 215,1 fois inférieure à celle du Japon (5,2 billions de dollars), 771,5 fois inférieure à celle de l'Allemagne (3,3 billions de dollars) et 577,1 fois inférieure à celle du Royaume-Uni (2,5 billions de dollars). La valeur ajoutée par habitant au Swaziland était 14,5 fois inférieure à celle des États-Unis (56 220,3 de dollars), 10,5 fois inférieure à celle du Japon (40 660,3 de dollars), 10,4 fois inférieure à celle de l'Allemagne (40 346,4 de dollars), 9,7 fois inférieure à celle du Royaume-Uni (37 659,6 de dollars) et 48,2% inférieure à celle de la Chine (7 491,3 de dollars). La croissance de la valeur ajoutée au Swaziland était supérieure à celle des États-Unis (2,2%), de l'Allemagne (1,9%), du Royaume-Uni (1,8%) et du Japon (1,3%); mais inférieure à celle de la Chine (7,7%).

Chapitre III. Revenu national brut

Le RNB de l'Eswatini est passé de 256,8 millions de dollars par an dans les années 1970 à 3,8 milliards de dollars par an dans les années 2010, c'est-à-dire 3,5 milliards de dollars ou de 14,7 fois. La variation a été de 2,1 milliards de dollars en raison de l'augmentation de 2,3 fois des prix, et de 1,1 milliards de dollars en raison de la croissance de productivité de 2,9 fois, et de 314,9 millions de dollars en raison de la croissance démographique. La croissance annuelle moyenne du revenu national brut était de 5,0%. La valeur minimale était de 108,9 millions de dollars en 1970. La valeur maximale était de 4,3 milliards de dollars en 2012.

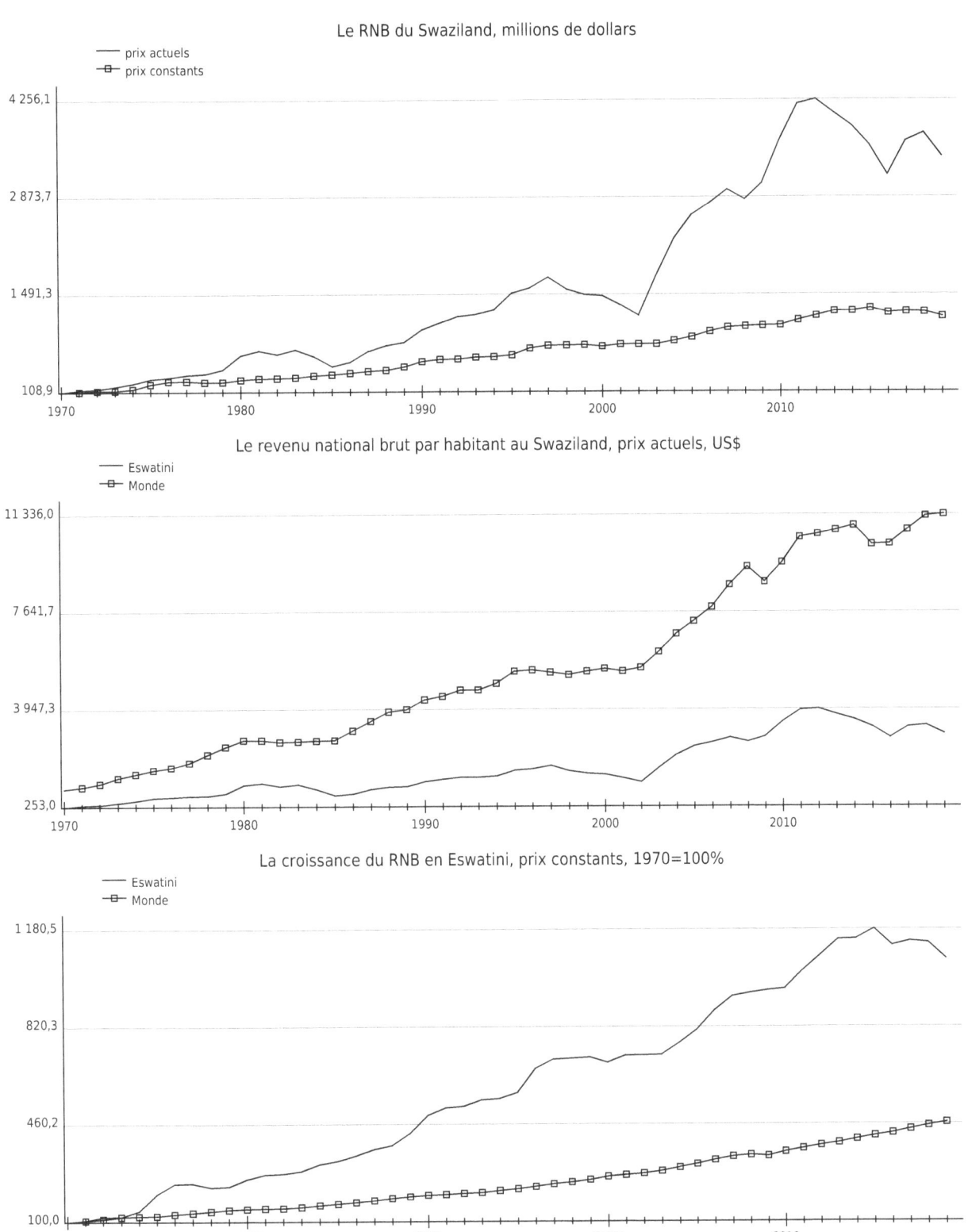

Les années 1970

Le RNB de l'Eswatini était de 256,8 millions de dollars par an dans les années 1970, au 149ème rang mondial à égalité avec l'Andorre (258,1 millions de dollars), le Botswana (252,6 millions de dollars). La part dans le monde était de 0,0039% et de 0,099% en Afrique.

Le revenu national brut par habitant au Swaziland était de 518.5 dollars dans les années 1970, se situant au 127ème rang mondial, à égalité avec le Guatemala (521,0 de dollars), la Guinée-Bissau (527,8 de dollars), l'Asie (529,4 de dollars). Le revenu national brut par habitant au Swaziland était 3,1 fois inférieur le RNB par habitant au Monde (1 624,3 US$), et 18,0% inférieur le revenu national brut par habitant en Afrique (632,4 US$).

La croissance du RNB au Swaziland était de 9.7% dans les années 1970, se classant au 14ème rang mondial, à égalité avec la Syrie (9,7%), Malte (9,8%). La croissance du revenu national brut en Eswatini (9,7%) a été supérieure à celle du monde (4,1%), et supérieure à celle de l'Afrique (4,7%).

Comparaison avec les voisins. Le RNB de l'Eswatini était inférieur à celui de l'Afrique du Sud (33,2 milliards de dollars) et du Mozambique (5,5 milliards de dollars). Le revenu national brut par habitant en Eswatini était inférieur à celui de l'Afrique du Sud (1 333,1 de dollars) et du Mozambique (541,8 de dollars). La croissance du revenu national brut au Swaziland était supérieure à celle du Mozambique (3,8%) et de l'Afrique du Sud (3,0%).

Comparaison avec les leaders. Le revenu national brut de l'Eswatini était inférieur à celui des États-Unis (1,7 billions de dollars), de l'URSS (649,4 milliards de dollars), du Japon (558,5 milliards de dollars), de l'Allemagne (486,2 milliards de dollars) et de la France (334,3 milliards de dollars). Le revenu national brut par habitant en Eswatini était inférieur à celui des États-Unis (7 837,2 de dollars), de la France (6 235,1 de dollars), de l'Allemagne (6 174,4 de dollars), du Japon (5 015,3 de dollars) et de l'URSS (2 574,9 de dollars). La croissance du revenu national brut en Eswatini était supérieure à celle de l'URSS (4,8%), du Japon (4,7%), de la France (3,9%), des États-Unis (3,5%) et de l'Allemagne (3,0%).

Les années 1980

Le RNB du Swaziland était de 654,7 millions de dollars par an dans les années 1980, au 148ème rang mondial à égalité avec le Guyana (661,4 millions de dollars). La part dans le monde était de 0,0043% et de 0,13% en Afrique.

Le RNB par habitant en Eswatini était de 949.4 dollars dans les années 1980, au 118ème rang mondial, à égalité avec le Honduras (949,0 de dollars), l'Afrique (957,8 de dollars), la Papouasie-Nouvelle-Guinée (931,2 de dollars). Le revenu national brut par habitant en Eswatini était 3,3 fois inférieur le revenu national brut par habitant au Monde (3 117,1 US$), et 0,88% inférieur le RNB par habitant en Afrique (957,8 US$).

La croissance du revenu national brut au Swaziland était de 6.4% dans les années 1980, se classant au 20ème rang mondial, à égalité avec la Dominique (6,3%), le Laos (6,4%), l'Indonésie (6,4%). La croissance du revenu national brut au Swaziland (6,4%) a été supérieure à celle du monde (3,0%), et supérieure à celle de l'Afrique (1,6%).

Comparaison avec les voisins. Le RNB du Swaziland était inférieur à celui de l'Afrique du Sud (78,6 milliards de dollars) et du Mozambique (6,1 milliards de dollars). Le revenu national brut par habitant au Swaziland était supérieur à celui du Mozambique (485,6 de dollars); mais inférieur à celui de l'Afrique du Sud (2 439,2 de dollars). La croissance du revenu national brut au Swaziland était supérieure à celle de l'Afrique du Sud (2,3%) et du Mozambique (-0,43%).

Comparaison avec les leaders. Le revenu national brut de l'Eswatini était inférieur à celui des États-Unis (4,2 billions de dollars), du Japon (1,8 billions de dollars), de l'Allemagne (996,5 milliards de dollars), de l'URSS (887,0 milliards de dollars) et de la France (732,1 milliards de dollars). Le RNB par habitant en Eswatini était inférieur à celui des États-Unis (17 362,5 de dollars), du Japon (15 042,8 de dollars), de la France (12 952,6 de dollars), de l'Allemagne (12 771,0 de dollars) et de l'URSS (3 222,9 de dollars). La croissance du revenu national brut en Eswatini était supérieure à celle du Japon (4,4%), de l'URSS (4,3%), des États-Unis (3,1%), de la France (2,3%) et de l'Allemagne (2,0%).

Les années 1990

Le revenu national brut du Swaziland était de 1,4 milliards de dollars par an dans les années 1990, au 163ème rang mondial à égalité avec d'Aruba (1,3 milliards de dollars). La part dans le monde était de 0,0048% et de 0,24% en Afrique.

Le RNB par habitant au Swaziland était de 1485.6 dollars dans les années 1990, se classant au 117ème rang mondial, à égalité avec la Roumanie (1 466,7 de dollars), le Kazakhstan (1 459,2 de dollars), la Palestine (1 454,5 de dollars). Le RNB par habitant au Swaziland

Chapitre III. Revenu national brut

était 3,4 fois inférieur le RNB par habitant au Monde (4 991,4 US$), et 85,8% supérieur le RNB par habitant en Afrique (799,7 US$).

La croissance du RNB au Swaziland était de 5.2% dans les années 1990, se situant au 38ème rang mondial, à égalité avec Saint-Marin (5,2%), l'Égypte (5,2%), le Cambodge (5,2%). La croissance du RNB au Swaziland (5,2%) a été supérieure à celle du monde (2,8%), et supérieure à celle de l'Afrique (2,5%).

Comparaison avec les voisins. Le revenu national brut de l'Eswatini était inférieur à celui de l'Afrique du Sud (134,6 milliards de dollars) et du Mozambique (3,6 milliards de dollars). Le revenu national brut par habitant en Eswatini était supérieur à celui du Mozambique (240,8 de dollars); mais inférieur à celui de l'Afrique du Sud (3 298,2 de dollars). La croissance du RNB en Eswatini était supérieure à celle de l'Afrique du Sud (1,5%); mais inférieure à celle du Mozambique (5,6%).

Comparaison avec les leaders. Le revenu national brut de l'Eswatini était inférieur à celui des États-Unis (7,5 billions de dollars), du Japon (4,4 billions de dollars), de l'Allemagne (2,2 billions de dollars), de la France (1,4 billions de dollars) et du Royaume-Uni (1,3 billions de dollars). Le revenu national brut par habitant en Eswatini était inférieur à celui du Japon (34 665,3 de dollars), des États-Unis (28 503,5 de dollars), de l'Allemagne (27 004,0 de dollars), de la France (24 286,5 de dollars) et du Royaume-Uni (23 037,3 de dollars). La croissance du RNB au Swaziland était supérieure à celle des États-Unis (3,4%), de la France (2,2%), du Royaume-Uni (2,0%), de l'Allemagne (2,0%) et du Japon (1,5%).

Les années 2000

Le revenu national brut du Swaziland était de 2,2 milliards de dollars par an dans les années 2000, se situant au 165ème rang mondial à égalité avec d'Aruba (2,2 milliards de dollars), le Togo (2,3 milliards de dollars). La part dans le monde était de 0,0048% et de 0,21% en Afrique.

Le revenu national brut par habitant en Eswatini était de 2164 dollars dans les années 2000, se situant au 131ème rang mondial, à égalité avec le Paraguay (2 152,4 de dollars), le Kosovo (2 203,1 de dollars). Le revenu national brut par habitant au Swaziland était 3,3 fois inférieur le RNB par habitant au Monde (7 165,2 US$), et 82,6% supérieur le RNB par habitant en Afrique (1 185,1 US$).

La croissance du RNB en Eswatini était de 3% dans les années 2000, se situant au 132ème rang mondial, à égalité avec l'Andorre (3,0%), la Mauritanie (3,1%). La croissance du RNB en Eswatini (3,0%) a été supérieure à celle du monde (3,0%), et inférieure à celle de l'Afrique (5,1%).

Comparaison avec les voisins. Le revenu national brut du Swaziland était inférieur à celui de l'Afrique du Sud (213,5 milliards de dollars) et du Mozambique (7,8 milliards de dollars). Le revenu national brut par habitant en Eswatini était supérieur à celui du Mozambique (385,0 de dollars); mais inférieur à celui de l'Afrique du Sud (4 480,4 de dollars). La croissance du revenu national brut au Swaziland était inférieure à celle du Mozambique (8,5%) et de l'Afrique du Sud (3,7%).

Comparaison avec les leaders. Le RNB de l'Eswatini était inférieur à celui des États-Unis (12,7 billions de dollars), du Japon (4,8 billions de dollars), de l'Allemagne (2,8 billions de dollars), de la Chine (2,6 billions de dollars) et du Royaume-Uni (2,3 billions de dollars). Le RNB par habitant en Eswatini était supérieur à celui de la Chine (1 950,5 de dollars); mais inférieur à celui des États-Unis (43 177,4 de dollars), du Royaume-Uni (38 514,5 de dollars), du Japon (37 144,2 de dollars) et de l'Allemagne (34 189,0 de dollars). La croissance du revenu national brut au Swaziland était supérieure à celle des États-Unis (1,8%), du Royaume-Uni (1,7%), de l'Allemagne (1,0%) et du Japon (0,62%); mais inférieure à celle de la Chine (10,4%).

Les années 2010

Le revenu national brut du Swaziland était de 3,8 milliards de dollars par an dans les années 2010, au 168ème rang mondial. La part dans le monde était de 0,0048% et de 0,17% en Afrique.

Le RNB par habitant au Swaziland était de 3423.3 dollars dans les années 2010, se classant au 141ème rang mondial, à égalité avec Micronésie (3 434,3 de dollars), la Palestine (3 457,2 de dollars), les Philippines (3 371,5 de dollars). Le RNB par habitant au Swaziland était 3,1 fois inférieur le revenu national brut par habitant au Monde (10 611,7 US$), et 78,9% supérieur le revenu national brut par habitant en Afrique (1 913,3 US$).

La croissance du revenu national brut au Swaziland était de 1.2% dans les années 2010, au 176ème rang mondial. La croissance du revenu national brut au Swaziland (1,2%) a été inférieure à celle du monde (3,1%), et inférieure à celle de l'Afrique (2,9%).

Comparaison avec les voisins. Le revenu national brut de l'Eswatini était 92,5 fois inférieur à celui de l'Afrique du Sud (349,1 milliards de dollars) et 3,9 fois inférieur à celui du Mozambique (14,6 milliards de dollars). Le RNB par habitant en Eswatini était 6,3 fois supérieur à celui du Mozambique (544,0 de dollars); mais 46,1% inférieur à celui de l'Afrique du Sud (6 356,5 de dollars). La croissance du revenu national brut au Swaziland était inférieure à celle du Mozambique (5,4%) et de l'Afrique du Sud (1,6%).

Comparaison avec les leaders. Le RNB du Swaziland était 4 850,4 fois inférieur à celui des États-Unis (18,3 billions de dollars), 2 773,4 fois inférieur à celui de la Chine (10,5 billions de dollars), 1 430,5 fois inférieur à celui du Japon (5,4 billions de dollars), 993,3 fois inférieur à celui de l'Allemagne (3,7 billions de dollars) et 727,6 fois inférieur à celui de la France (2,7 billions de dollars). Le RNB par habitant en Eswatini était 16,7 fois inférieur à celui des États-Unis (57 299,9 de dollars), 13,4 fois inférieur à celui de l'Allemagne (45 801,3 de dollars), 12,3 fois inférieur à celui du Japon (42 204,7 de dollars), 12,1 fois inférieur à celui de la France (41 404,4 de dollars) et 2,2 fois inférieur à celui de la Chine (7 463,8 de dollars). La croissance du revenu national brut au Swaziland était inférieure à celle de la Chine (7,7%), des États-Unis (2,5%), de l'Allemagne (2,0%), du Japon (1,4%) et de la France (1,4%).

Partie II. Structure

Chapitre IV. Agriculture

Agriculture, chasse, sylviculture et pêche (ISIC A-B)

La valeur de l'agriculture au Swaziland est passé de 75,0 millions de dollars par an dans les années 1970 à 418,2 millions de dollars par an dans les années 2010, c'est-à-dire 343,1 millions de dollars ou de 5,6 fois. La variation a été de 232,5 millions de dollars en raison de l'augmentation de 2,3 fois des prix, et de 18,6 millions de dollars en raison de la croissance de productivité de 1,1 fois, et de 92,0 millions de dollars en raison de la croissance démographique. La croissance annuelle moyenne de l'agriculture était de 2,6%. La valeur minimale était de 37,9 millions de dollars en 1970. La valeur maximale était de 498,6 millions de dollars en 2012.

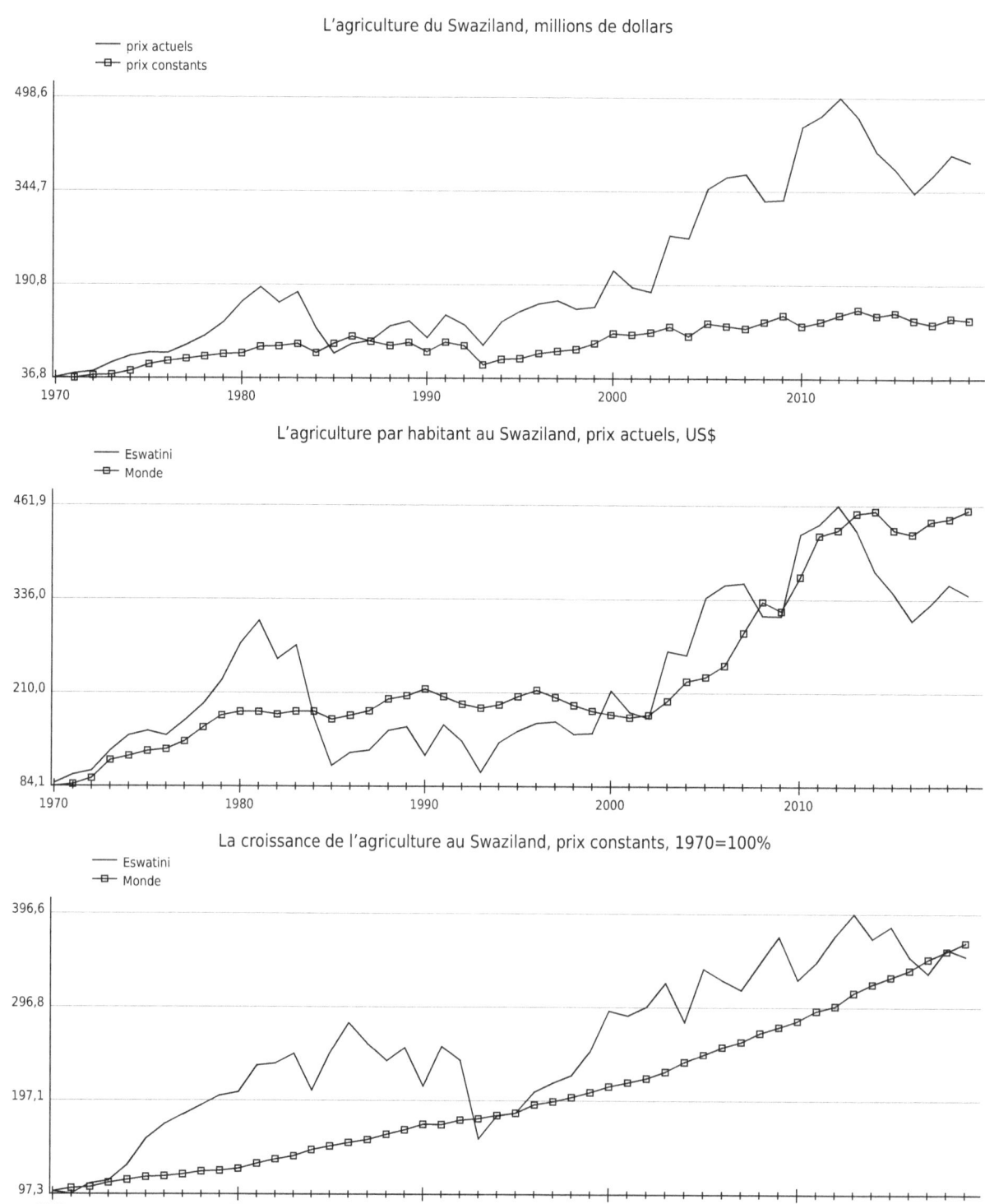

Chapitre IV. Agriculture

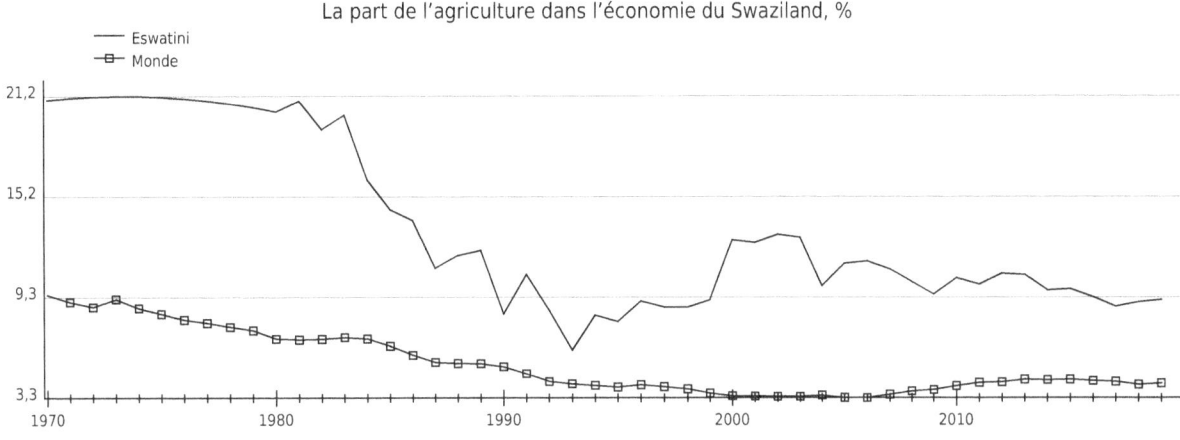

Les années 1970

Le secteur de l'agriculture au Swaziland était de 75,0 millions de dollars par an dans les années 1970, au 129ème rang mondial à égalité avec la Polynésie (76,7 millions de dollars). La part dans le monde était de 0,015% et de 0,16% en Afrique.

La part de l'agriculture dans l'économie du Swaziland était de 20,9% dans les années 1970, se classant au 68ème rang mondial, à égalité avec le Cap-Vert (20,7%).

L'agriculture par habitant au Swaziland était de 151.5 dollars dans les années 1970, se situant au 60ème rang mondial, à égalité avec l'Argentine (151,6 de dollars), la Roumanie (152,4 de dollars), l'Allemagne (150,6 de dollars). L'agriculture par habitant au Swaziland était 18,7% supérieure l'agriculture par habitant au Monde (127,6 US$), et 35,0% supérieure l'agriculture par habitant en Afrique (112,2 US$).

La croissance de l'agriculture en Eswatini était de 8.1% dans les années 1970, se situant au 12ème rang mondial, à égalité avec le Gabon (8,1%), Bahreïn (8,2%). La croissance de l'agriculture en Eswatini (8,1%) a été supérieure à celle du monde (2,2%), et supérieure à celle de l'Afrique (1,7%).

Comparaison avec les voisins. Le secteur de l'agriculture en Eswatini était inférieur à celui de l'Afrique du Sud (2,3 milliards de dollars) et du Mozambique (1,9 milliards de dollars). L'agriculture par habitant en Eswatini était supérieure à celle de l'Afrique du Sud (92,5 de dollars); mais inférieure à celle du Mozambique (184,0 de dollars). La croissance de l'agriculture au Swaziland était supérieure à celle du Mozambique (3,9%) et de l'Afrique du Sud (3,5%).

Comparaison avec les leaders. L'agriculture du Swaziland était inférieure à celle de l'URSS (88,7 milliards de dollars), de la Chine (49,5 milliards de dollars), des États-Unis (42,6 milliards de dollars), de l'Inde (36,0 milliards de dollars) et du Japon (25,8 milliards de dollars). L'agriculture par habitant au Swaziland était supérieure à celle de l'Inde (58,3 de dollars) et de la Chine (54,2 de dollars); mais inférieure à celle de l'URSS (351,8 de dollars), du Japon (231,3 de dollars) et des États-Unis (195,0 de dollars). La croissance de l'agriculture en Eswatini était supérieure à celle de l'URSS (7,0%), de la Chine (2,4%), du Japon (0,52%), des États-Unis (0,34%) et de l'Inde (0,30%).

Les années 1980

L'agriculture de l'Eswatini était de 133,1 millions de dollars par an dans les années 1980, se situant au 130ème rang mondial. La part dans le monde était de 0,015% et de 0,15% en Afrique.

La part de l'agriculture dans l'économie du Swaziland était de 15,8% dans les années 1980, au 79ème rang mondial, à égalité avec le Cameroun (15,7%).

L'agriculture par habitant en Eswatini était de 193 dollars dans les années 1980, au 83ème rang mondial, à égalité avec les Caraïbes (191,3 de dollars), le Mozambique (190,1 de dollars), le Panama (195,9 de dollars). L'agriculture par habitant au Swaziland était 3,4% supérieure l'agriculture par habitant au Monde (186,6 US$), et 21,2% supérieure l'agriculture par habitant en Afrique (159,2 US$).

La croissance de l'agriculture en Eswatini était de 2.3% dans les années 1980, se classant au 101ème rang mondial, à égalité avec la Guinée-Bissau (2,3%). La croissance de l'agriculture au Swaziland (2,3%) a été inférieure à celle du monde (3,1%), et inférieure à celle de l'Afrique (2,8%).

Comparaison avec les voisins. Le secteur de l'agriculture en Eswatini était inférieur à celui de l'Afrique du Sud (4,1 milliards de dollars) et du Mozambique (2,4 milliards de dollars). L'agriculture par habitant en Eswatini était supérieure à celle du Mozambique (190,1 de dollars) et de l'Afrique du Sud (127,4 de dollars). La croissance de l'agriculture en Eswatini était supérieure à celle du Mozambique (1,1%); mais inférieure à celle de l'Afrique du Sud (3,6%).

Comparaison avec les leaders. La valeur de l'agriculture en Eswatini était inférieure à celle de l'URSS (125,8 milliards de dollars), de la Chine (94,9 milliards de dollars), de l'Inde (70,4 milliards de dollars), des États-Unis (68,7 milliards de dollars) et du Japon (49,7 milliards de dollars). L'agriculture par habitant en Eswatini était supérieure à celle de l'Inde (90,7 de dollars) et de la Chine (88,5 de dollars); mais inférieure à celle de l'URSS (457,2 de dollars), du Japon (410,0 de dollars) et des États-Unis (286,8 de dollars). La croissance de l'agriculture au Swaziland était supérieure à celle du Japon (0,41%); mais inférieure à celle de la Chine (5,3%), de l'Inde (4,4%), des États-Unis (3,7%) et de l'URSS (2,8%).

Les années 1990

Le secteur de l'agriculture au Swaziland était de 136,7 millions de dollars par an dans les années 1990, se classant au 158ème rang mondial. La part dans le monde était de 0,012% et de 0,14 en Afrique.

La part de l'agriculture dans l'économie du Swaziland était de 8,5% dans les années 1990, au 123ème rang mondial.

L'agriculture par habitant en Eswatini était de 149.5 dollars dans les années 1990, se classant au 135ème rang mondial, à égalité avec l'Azerbaïdjan (149,9 de dollars), l'Arménie (150,3 de dollars), la Guinée (148,7 de dollars). L'agriculture par habitant au Swaziland était 25,2% inférieure l'agriculture par habitant au Monde (199,8 US$), et 11,1% supérieure l'agriculture par habitant en Afrique (134,5 US$).

La croissance de l'agriculture au Swaziland était de -0.1% dans les années 1990, se situant au 145ème rang mondial. La croissance de l'agriculture au Swaziland (-0,13%) a été inférieure à celle du monde (2,2%), et inférieure à celle de l'Afrique (2,8%).

Comparaison avec les voisins. La valeur ajoutée de l'agriculture en Eswatini était inférieure à celle de l'Afrique du Sud (5,1 milliards de dollars) et du Mozambique (1,1 milliards de dollars). L'agriculture par habitant en Eswatini était supérieure à celle de l'Afrique du Sud (125,5 de dollars) et du Mozambique (75,8 de dollars). La croissance de l'agriculture en Eswatini était supérieure à celle de l'Afrique du Sud (-0,51%); mais inférieure à celle du Mozambique (3,4%).

Comparaison avec les leaders. La valeur de l'agriculture en Eswatini était inférieure à celle de la Chine (139,0 milliards de dollars), des États-Unis (96,1 milliards de dollars), de l'Inde (91,4 milliards de dollars), du Japon (78,9 milliards de dollars) et du Brésil (36,8 milliards de dollars). L'agriculture par habitant au Swaziland était supérieure à celle de la Chine (112,7 de dollars) et de l'Inde (95,6 de dollars); mais inférieure à celle du Japon (625,5 de dollars), des États-Unis (363,4 de dollars) et du Brésil (228,7 de dollars). La croissance de l'agriculture en Eswatini était supérieure à celle du Japon (-1,8%); mais inférieure à celle de la Chine (4,3%), du Brésil (3,0%), de l'Inde (2,8%) et des États-Unis (2,6%).

Les années 2000

Le secteur de l'agriculture en Eswatini était de 287,0 millions de dollars par an dans les années 2000, se classant au 149ème rang mondial à égalité avec le Groenland (282,7 millions de dollars). La part dans le monde était de 0,018% et de 0,17% en Afrique.

La part de l'agriculture dans l'économie du Swaziland était de 11,1% dans les années 2000, au 86ème rang mondial, à égalité avec l'Afrique centrale (11,0%), l'Asie du Sud-Est (11,2%).

L'agriculture par habitant au Swaziland était de 278.5 dollars dans les années 2000, se classant au 84ème rang mondial, à égalité avec les Maldives (277,4 de dollars), la Biélorussie (276,1 de dollars), la Thaïlande (281,0 de dollars). L'agriculture par habitant au Swaziland était 15,9% supérieure l'agriculture par habitant au Monde (240,3 US$), et 53,0% supérieure l'agriculture par habitant en Afrique (182,0 US$).

La croissance de l'agriculture en Eswatini était de 4.1% dans les années 2000, se situant au 41ème rang mondial, à égalité avec la Chine (4,0%), le Suriname (4,1%). La croissance de l'agriculture au Swaziland (4,1%) a été supérieure à celle du monde (3,0%), et inférieure à celle de l'Afrique (5,1%).

Comparaison avec les voisins. La valeur de l'agriculture au Swaziland était inférieure à celle de l'Afrique du Sud (6,0 milliards de dollars) et du Mozambique (2,0 milliards de dollars). L'agriculture par habitant en Eswatini était supérieure à celle de l'Afrique du Sud (127,0 de dollars) et du Mozambique (97,4 de dollars). La croissance de l'agriculture en Eswatini était supérieure à celle de l'Afrique

Chapitre IV. Agriculture

du Sud (2,5%); mais inférieure à celle du Mozambique (5,6%).

Comparaison avec les leaders. L'agriculture de l'Eswatini était inférieure à celle de la Chine (297,7 milliards de dollars), de l'Inde (147,6 milliards de dollars), des États-Unis (122,5 milliards de dollars), du Japon (57,1 milliards de dollars) et du Nigeria (47,6 milliards de dollars). L'agriculture par habitant en Eswatini était supérieure à celle de la Chine (224,5 de dollars) et de l'Inde (129,7 de dollars); mais inférieure à celle du Japon (445,6 de dollars), des États-Unis (416,9 de dollars) et du Nigeria (346,4 de dollars). La croissance de l'agriculture en Eswatini était supérieure à celle de la Chine (4,0%), des États-Unis (3,6%), de l'Inde (2,0%) et du Japon (-1,3%); mais inférieure à celle du Nigeria (10,1%).

Les années 2010

La valeur de l'agriculture en Eswatini était de 418,2 millions de dollars par an dans les années 2010, se situant au 150ème rang mondial. La part dans le monde était de 0,013% et de 0,12% en Afrique.

La part de l'agriculture dans l'économie de l'Eswatini était de 9,8% dans les années 2010, se classant au 85ème rang mondial, à égalité avec l'Équateur (9,8%), la Tunisie (9,8%).

L'agriculture par habitant en Eswatini était de 379.3 dollars dans les années 2010, au 93ème rang mondial, à égalité avec la Côte d'Ivoire (374,9 de dollars), le Maroc (384,5 de dollars), la Pologne (373,5 de dollars). L'agriculture par habitant en Eswatini était 12,2% inférieure l'agriculture par habitant au Monde (432,1 US$), et 28,9% supérieure l'agriculture par habitant en Afrique (294,3 US$).

La croissance de l'agriculture en Eswatini était de -0.6% dans les années 2010, se classant au 170ème rang mondial. La croissance de l'agriculture en Eswatini (-0,57%) a été inférieure à celle du monde (2,9%), et inférieure à celle de l'Afrique (3,7%).

Comparaison avec les voisins. L'agriculture de l'Eswatini était 18,8 fois inférieure à celle de l'Afrique du Sud (7,8 milliards de dollars) et 8,7 fois inférieure à celle du Mozambique (3,6 milliards de dollars). L'agriculture par habitant au Swaziland était 2,7 fois supérieure à celle de l'Afrique du Sud (142,9 de dollars) et 2,8 fois supérieure à celle du Mozambique (135,6 de dollars). La croissance de l'agriculture en Eswatini était inférieure à celle du Mozambique (3,2%) et de l'Afrique du Sud (0,48%).

Comparaison avec les leaders. Le secteur de l'agriculture au Swaziland était 2 119,3 fois inférieur à celui de la Chine (886,2 milliards de dollars), 869,1 fois inférieur à celui de l'Inde (363,4 milliards de dollars), 431,1 fois inférieur à celui des États-Unis (180,3 milliards de dollars), 296,7 fois inférieur à celui de l'Indonésie (124,1 milliards de dollars) et 229,0 fois inférieur à celui du Nigeria (95,8 milliards de dollars). L'agriculture par habitant au Swaziland était 35,9% supérieure à celle de l'Inde (279,1 de dollars); mais 40,0% inférieure à celle de la Chine (631,9 de dollars), 32,8% inférieure à celle des États-Unis (564,3 de dollars), 29,1% inférieure à celle du Nigeria (534,6 de dollars) et 21,6% inférieure à celle de l'Indonésie (483,6 de dollars). La croissance de l'agriculture au Swaziland était inférieure à celle de l'Inde (4,1%), de l'Indonésie (3,9%), de la Chine (3,8%), du Nigeria (3,6%) et des États-Unis (2,0%).

Chapitre V. Industrie

Exploitation minière, fabrication, services publics (ISIC C-E)

L'industrie du Swaziland est passé de 76,0 millions de dollars par an dans les années 1970 à 1,4 milliards de dollars par an dans les années 2010, c'est-à-dire 1,4 milliards de dollars ou de 19,0 fois. La variation a été de 524,5 millions de dollars en raison de l'augmentation de 1,6 fois des prix, et de 753,1 millions de dollars en raison de la croissance de productivité de 5,5 fois, et de 93,2 millions de dollars en raison de la croissance démographique. La croissance annuelle moyenne de l'industrie était de 6,3%. La valeur minimale était de 35,1 millions de dollars en 1970. La valeur maximale était de 1,7 milliards de dollars en 2012.

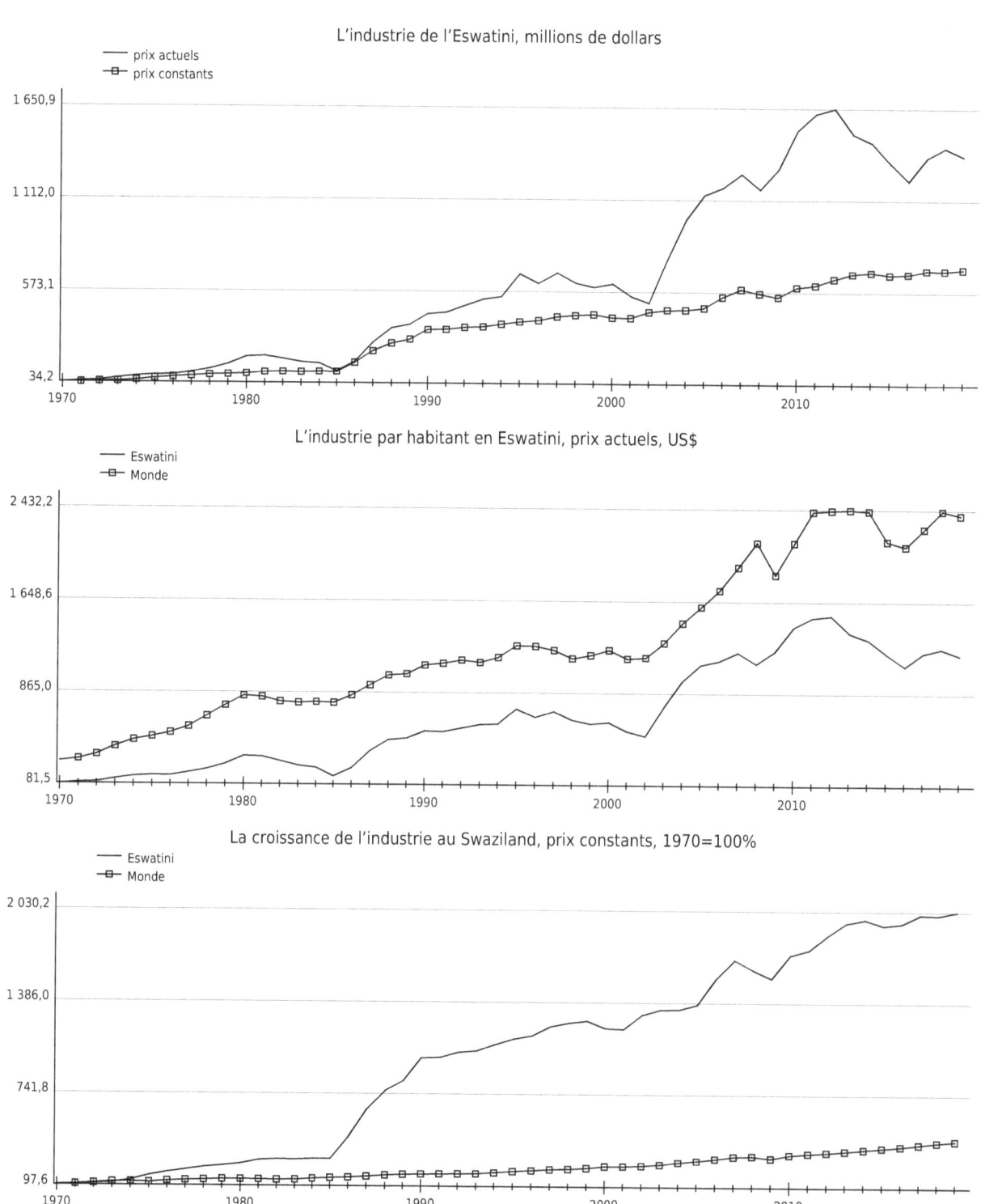

Chapitre V. Industrie

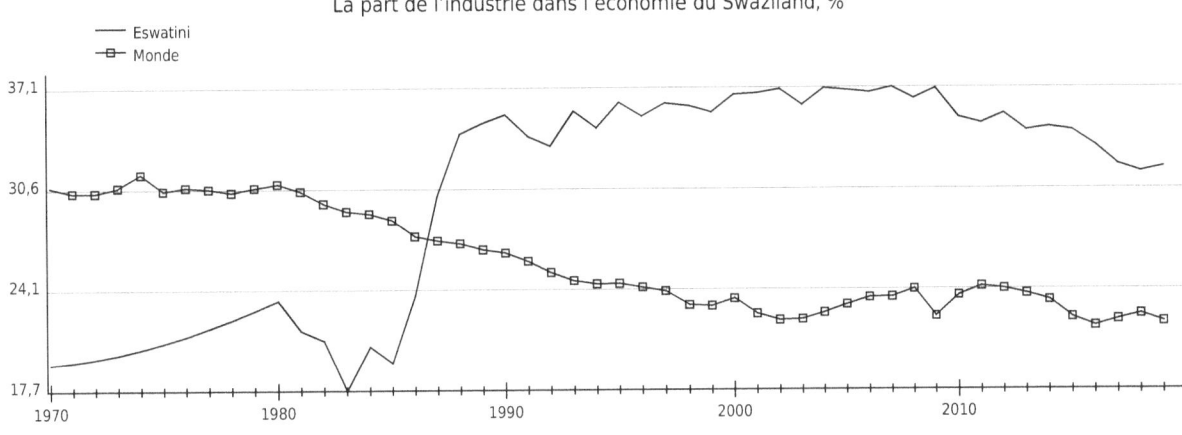

Les années 1970

Le secteur de l'industrie au Swaziland était de 76,0 millions de dollars par an dans les années 1970, se classant au 130ème rang mondial à égalité avec la Mongolie (75,3 millions de dollars), les Bahamas (74,6 millions de dollars). La part dans le monde était de 0,0039% et de 0,10% en Afrique.

La part de l'industrie dans l'économie de l'Eswatini était de 21,2% dans les années 1970, se classant au 102ème rang mondial, à égalité avec Hong Kong (21,3%), l'Est (21,1%).

L'industrie par habitant en Eswatini était de 153.5 dollars dans les années 1970, se classant au 97ème rang mondial. L'industrie par habitant au Swaziland était 3,1 fois inférieure l'industrie par habitant au Monde (480,5 US$), et 15,3% inférieure l'industrie par habitant en Afrique (181,2 US$).

La croissance de l'industrie en Eswatini était de 10% dans les années 1970, se situant au 15ème rang mondial. La croissance de l'industrie en Eswatini (10,0%) a été supérieure à celle du monde (4,0%), et supérieure à celle de l'Afrique (5,5%).

Comparaison avec les voisins. La valeur ajoutée de l'industrie en Eswatini était inférieure à celle de l'Afrique du Sud (11,7 milliards de dollars) et du Mozambique (1,6 milliards de dollars). L'industrie par habitant en Eswatini était inférieure à celle de l'Afrique du Sud (469,8 de dollars) et du Mozambique (157,6 de dollars). La croissance de l'industrie en Eswatini était supérieure à celle du Mozambique (3,8%) et de l'Afrique du Sud (1,3%).

Comparaison avec les leaders. L'industrie de l'Eswatini était inférieure à celle des États-Unis (450,4 milliards de dollars), de l'URSS (248,8 milliards de dollars), du Japon (185,6 milliards de dollars), de l'Allemagne (158,4 milliards de dollars) et du Royaume-Uni (72,6 milliards de dollars). L'industrie par habitant au Swaziland était inférieure à celle des États-Unis (2 063,8 de dollars), de l'Allemagne (2 011,9 de dollars), du Japon (1 666,5 de dollars), du Royaume-Uni (1 295,1 de dollars) et de l'URSS (986,6 de dollars). La croissance de l'industrie au Swaziland était supérieure à celle de l'URSS (5,2%), du Japon (4,5%), des États-Unis (2,4%), de l'Allemagne (2,1%) et du Royaume-Uni (1,9%).

Les années 1980

La valeur ajoutée de l'industrie au Swaziland était de 213,5 millions de dollars par an dans les années 1980, se classant au 131ème rang mondial à égalité avec le Liberia (218,5 millions de dollars). La part dans le monde était de 0,0051% et de 0,14% en Afrique.

La part de l'industrie dans l'économie de l'Eswatini était de 25,4% dans les années 1980, se situant au 72ème rang mondial, à égalité avec l'Égypte (25,4%), la Belgique (25,5%), l'Uruguay (25,3%).

L'industrie par habitant en Eswatini était de 309.6 dollars dans les années 1980, se situant au 93ème rang mondial, à égalité avec la Corée du Nord (306,5 de dollars), l'Angola (302,5 de dollars). L'industrie par habitant au Swaziland était 2,8 fois inférieure l'industrie par habitant au Monde (861,8 US$), et 7,3% supérieure l'industrie par habitant en Afrique (288,5 US$).

La croissance de l'industrie en Eswatini était de 13.4% dans les années 1980, se classant au 4ème rang mondial, à égalité avec la Gambie (13,3%). La croissance de l'industrie au Swaziland (13,4%) a été supérieure à celle du monde (2,3%), et supérieure à celle de l'Afrique (-0,99%).

Comparaison avec les voisins. L'industrie du Swaziland était inférieure à celle de l'Afrique du Sud (29,6 milliards de dollars) et du

Mozambique (1,3 milliards de dollars). L'industrie par habitant au Swaziland était supérieure à celle du Mozambique (101,7 de dollars); mais inférieure à celle de l'Afrique du Sud (919,5 de dollars). La croissance de l'industrie au Swaziland était supérieure à celle de l'Afrique du Sud (1,1%) et du Mozambique (-2,4%).

Comparaison avec les leaders. La valeur ajoutée de l'industrie au Swaziland était inférieure à celle des États-Unis (1,0 billions de dollars), du Japon (566,4 milliards de dollars), de l'URSS (305,7 milliards de dollars), de l'Allemagne (297,5 milliards de dollars) et du Royaume-Uni (171,2 milliards de dollars). L'industrie par habitant au Swaziland était inférieure à celle du Japon (4 670,2 de dollars), des États-Unis (4 176,6 de dollars), de l'Allemagne (3 812,7 de dollars), du Royaume-Uni (3 032,7 de dollars) et de l'URSS (1 110,8 de dollars). La croissance de l'industrie au Swaziland était supérieure à celle de l'URSS (5,3%), du Japon (4,2%), des États-Unis (1,9%), du Royaume-Uni (1,4%) et de l'Allemagne (1,2%).

Les années 1990

Le secteur de l'industrie en Eswatini était de 565,3 millions de dollars par an dans les années 1990, se classant au 133ème rang mondial à égalité avec le Kosovo (558,3 millions de dollars), la Birmanie (576,3 millions de dollars). La part dans le monde était de 0,0084% et de 0,36% en Afrique.

La part de l'industrie dans l'économie du Swaziland était de 35,3% dans les années 1990, au 25ème rang mondial, à égalité avec la Russie (35,3%), la Zambie (35,5%).

L'industrie par habitant au Swaziland était de 618.5 dollars dans les années 1990, se situant au 83ème rang mondial, à égalité avec le Paraguay (617,9 de dollars), l'Algérie (622,9 de dollars). L'industrie par habitant au Swaziland était 47,4% inférieure l'industrie par habitant au Monde (1 175,6 US$), et 2,8 fois supérieure l'industrie par habitant en Afrique (222,8 US$).

La croissance de l'industrie au Swaziland était de 4.2% dans les années 1990, au 67ème rang mondial, à égalité avec l'Arabie saoudite (4,2%), la Turquie (4,2%). La croissance de l'industrie au Swaziland (4,2%) a été supérieure à celle du monde (2,5%), et supérieure à celle de l'Afrique (1,3%).

Comparaison avec les voisins. L'industrie de l'Eswatini était supérieure à celle du Mozambique (536,8 millions de dollars); mais inférieure à celle de l'Afrique du Sud (39,0 milliards de dollars). L'industrie par habitant en Eswatini était supérieure à celle du Mozambique (35,5 de dollars); mais inférieure à celle de l'Afrique du Sud (954,6 de dollars). La croissance de l'industrie au Swaziland était supérieure à celle de l'Afrique du Sud (0,23%); mais inférieure à celle du Mozambique (7,4%).

Comparaison avec les leaders. Le secteur de l'industrie au Swaziland était inférieur à celui des États-Unis (1,5 billions de dollars), du Japon (1,2 billions de dollars), de l'Allemagne (534,0 milliards de dollars), de la Chine (285,9 milliards de dollars) et du Royaume-Uni (268,6 milliards de dollars). L'industrie par habitant en Eswatini était supérieure à celle de la Chine (231,9 de dollars); mais inférieure à celle du Japon (9 400,9 de dollars), de l'Allemagne (6 621,6 de dollars), des États-Unis (5 704,4 de dollars) et du Royaume-Uni (4 639,8 de dollars). La croissance de l'industrie en Eswatini était supérieure à celle des États-Unis (2,8%), du Japon (1,3%), du Royaume-Uni (1,2%) et de l'Allemagne (0,33%); mais inférieure à celle de la Chine (13,1%).

Les années 2000

La valeur ajoutée de l'industrie en Eswatini était de 949,9 millions de dollars par an dans les années 2000, se situant au 134ème rang mondial à égalité avec l'Arménie (937,0 millions de dollars), l'Éthiopie (964,9 millions de dollars), la Mauritanie (966,6 millions de dollars). La part dans le monde était de 0,0093% et de 0,30% en Afrique.

La part de l'industrie dans l'économie de l'Eswatini était de 36,8% dans les années 2000, au 26ème rang mondial, à égalité avec le Paraguay (36,9%), Bahreïn (37,0%).

L'industrie par habitant en Eswatini était de 921.8 dollars dans les années 2000, se situant au 97ème rang mondial, à égalité avec la république du Congo (930,5 de dollars), la Colombie (907,6 de dollars), la Biélorussie (942,2 de dollars). L'industrie par habitant au Swaziland était 41,4% inférieure l'industrie par habitant au Monde (1 573,8 US$), et 2,6 fois supérieure l'industrie par habitant en Afrique (352,5 US$).

La croissance de l'industrie en Eswatini était de 2.2% dans les années 2000, se classant au 112ème rang mondial, à égalité avec l'Argentine (2,2%), les Îles Caïmans (2,2%), la Finlande (2,2%). La croissance de l'industrie en Eswatini (2,2%) a été inférieure à celle du monde (2,9%), et inférieure à celle de l'Afrique (3,1%).

Comparaison avec les voisins. L'industrie de l'Eswatini était inférieure à celle de l'Afrique du Sud (53,9 milliards de dollars) et du

Chapitre V. Industrie

Mozambique (1,4 milliards de dollars). L'industrie par habitant en Eswatini était supérieure à celle du Mozambique (67,0 de dollars); mais inférieure à celle de l'Afrique du Sud (1 130,5 de dollars). La croissance de l'industrie au Swaziland était supérieure à celle de l'Afrique du Sud (1,3%); mais inférieure à celle du Mozambique (11,4%).

Comparaison avec les leaders. L'industrie du Swaziland était inférieure à celle des États-Unis (2,1 billions de dollars), du Japon (1,1 billions de dollars), de la Chine (1,1 billions de dollars), de l'Allemagne (629,4 milliards de dollars) et du Royaume-Uni (345,1 milliards de dollars). L'industrie par habitant au Swaziland était supérieure à celle de la Chine (795,3 de dollars); mais inférieure à celle du Japon (8 848,8 de dollars), de l'Allemagne (7 732,1 de dollars), des États-Unis (7 144,5 de dollars) et du Royaume-Uni (5 710,8 de dollars). La croissance de l'industrie en Eswatini était supérieure à celle des États-Unis (1,5%), de l'Allemagne (0,19%), du Japon (0,15%) et du Royaume-Uni (-1,1%); mais inférieure à celle de la Chine (11,1%).

Les années 2010

La valeur de l'industrie au Swaziland était de 1,4 milliards de dollars par an dans les années 2010, se situant au 143ème rang mondial. La part dans le monde était de 0,0085% et de 0,25% en Afrique.

La part de l'industrie dans l'économie de l'Eswatini était de 33,8% dans les années 2010, se classant au 27ème rang mondial, à égalité avec la Thaïlande (33,9%), le Venezuela (34,1%).

L'industrie par habitant au Swaziland était de 1312.3 dollars dans les années 2010, au 98ème rang mondial, à égalité avec les Îles Turks-et-Caïcos (1 310,1 de dollars), la république du Congo (1 333,4 de dollars), le Panama (1 286,5 de dollars). L'industrie par habitant en Eswatini était 43,5% inférieure l'industrie par habitant au Monde (2 320,9 US$), et 2,7 fois supérieure l'industrie par habitant en Afrique (489,1 US$).

La croissance de l'industrie en Eswatini était de 2.7% dans les années 2010, se classant au 100ème rang mondial. La croissance de l'industrie en Eswatini (2,7%) a été inférieure à celle du monde (3,5%), et supérieure à celle de l'Afrique (0,035%).

Comparaison avec les voisins. Le secteur de l'industrie au Swaziland était 56,9 fois inférieur à celui de l'Afrique du Sud (82,4 milliards de dollars) et 44,3% inférieur à celui du Mozambique (2,6 milliards de dollars). L'industrie par habitant au Swaziland était 13,5 fois supérieure à celle du Mozambique (97,1 de dollars); mais 12,5% inférieure à celle de l'Afrique du Sud (1 499,4 de dollars). La croissance de l'industrie en Eswatini était supérieure à celle de l'Afrique du Sud (0,79%); mais inférieure à celle du Mozambique (6,3%).

Comparaison avec les leaders. La valeur de l'industrie en Eswatini était 2 545,7 fois inférieure à celle de la Chine (3,7 billions de dollars), 1 895,0 fois inférieure à celle des États-Unis (2,7 billions de dollars), 822,8 fois inférieure à celle du Japon (1,2 billions de dollars), 580,6 fois inférieure à celle de l'Allemagne (840,0 milliards de dollars) et 306,5 fois inférieure à celle de l'Inde (443,4 milliards de dollars). L'industrie par habitant au Swaziland était 3,9 fois supérieure à celle de l'Inde (340,6 de dollars); mais 7,8 fois inférieure à celle de l'Allemagne (10 261,3 de dollars), 7,1 fois inférieure à celle du Japon (9 305,3 de dollars), 6,5 fois inférieure à celle des États-Unis (8 581,2 de dollars) et 2,0 fois inférieure à celle de la Chine (2 626,2 de dollars). La croissance de l'industrie au Swaziland était supérieure à celle du Japon (2,6%) et des États-Unis (2,2%); mais inférieure à celle de la Chine (7,5%), de l'Inde (6,5%) et de l'Allemagne (3,2%).

Chapitre 5.1. Fabrication

(ISIC D)

La valeur ajoutée de la fabrication au Swaziland est passé de 56,4 millions de dollars par an dans les années 1970 à 1,4 milliards de dollars par an dans les années 2010, c'est-à-dire 1,3 milliards de dollars ou de 24,2 fois. La variation a été de 498,4 millions de dollars en raison de l'augmentation de 1,6 fois des prix, et de 743,3 millions de dollars en raison de la croissance de productivité de 6,9 fois, et de 69,2 millions de dollars en raison de la croissance démographique. La croissance annuelle moyenne de l'industrie de transformation était de 7,4%. La valeur minimale était de 19,9 millions de dollars en 1970. La valeur maximale était de 1,5 milliards de dollars en 2011.

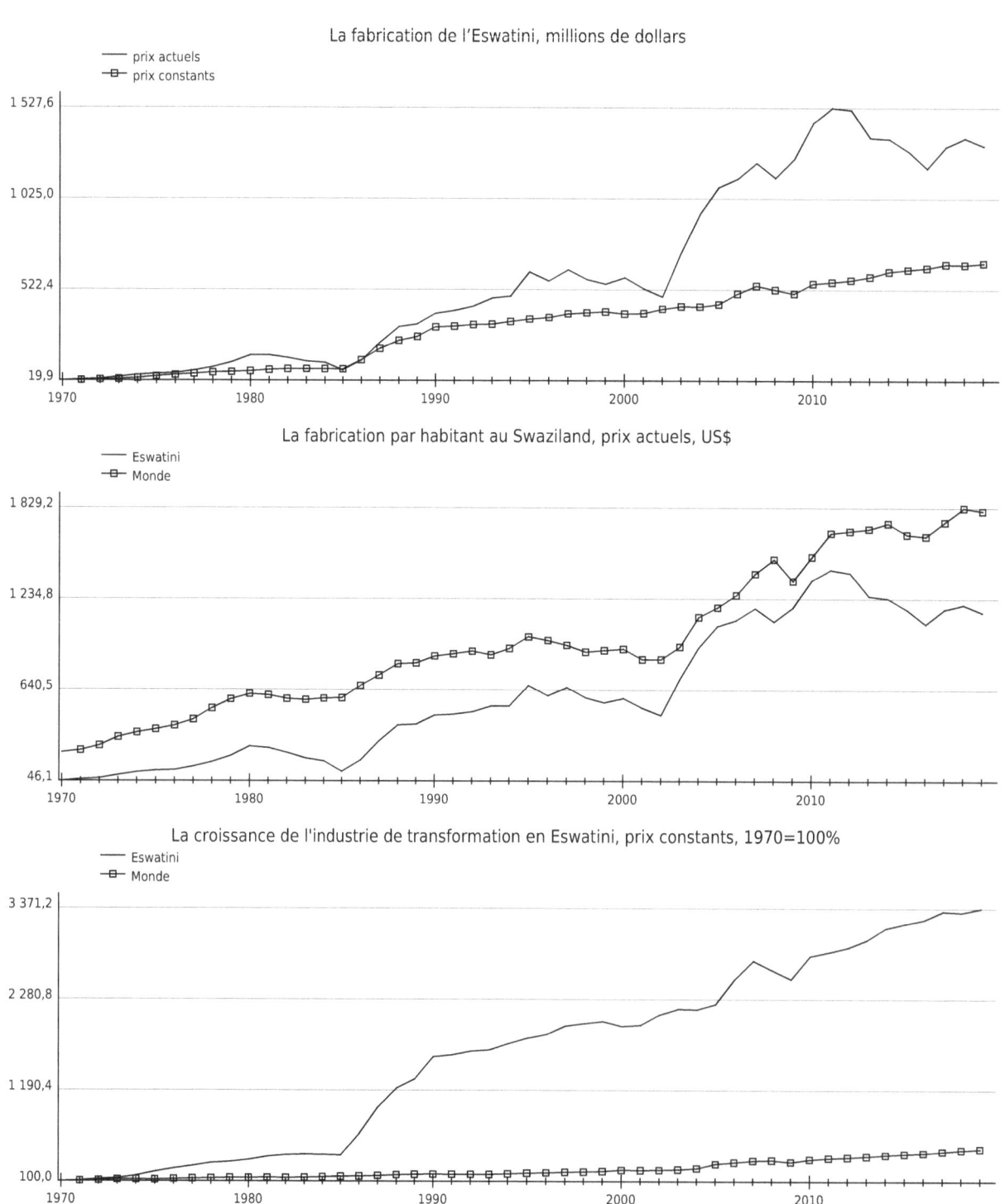

Chapitre 5.1. Fabrication

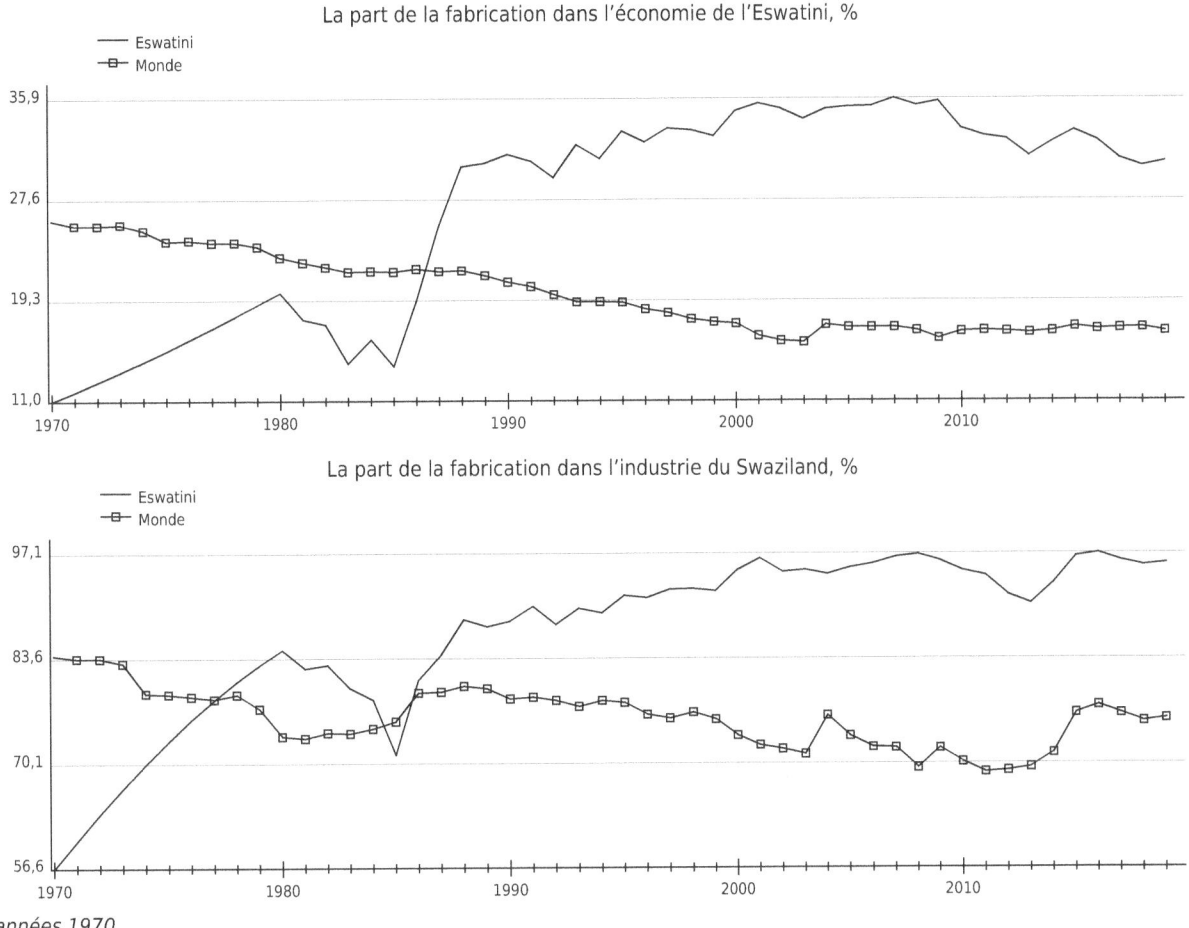

Les années 1970

La fabrication du Swaziland était de 56,4 millions de dollars par an dans les années 1970, se classant au 130ème rang mondial à égalité avec Saint-Marin (56,7 millions de dollars), le Népal (56,8 millions de dollars), la Polynésie (55,1 millions de dollars). La part dans le monde était de 0,0036% et de 0,14% en Afrique.

La part de l'industrie de transformation dans l'économie de l'Eswatini était de 15,7% dans les années 1970, se classant au 83ème rang mondial, à égalité avec le Salvador (15,7%).

La fabrication par habitant au Swaziland était de 113.9 dollars dans les années 1970, au 88ème rang mondial, à égalité avec Maurice (115,0 de dollars). La fabrication par habitant en Eswatini était 3,4 fois inférieure la fabrication par habitant au Monde (383,2 US$), et 14,6% supérieure la fabrication par habitant en Afrique (99,3 US$).

La croissance de l'industrie de transformation en Eswatini était de 14.3% dans les années 1970, se classant au 6ème rang mondial. La croissance de la fabrication au Swaziland (14,3%) a été supérieure à celle du monde (3,8%), et supérieure à celle de l'Afrique (4,9%).

Comparaison avec les voisins. La valeur de la fabrication au Swaziland était inférieure à celle de l'Afrique du Sud (7,0 milliards de dollars) et du Mozambique (1,5 milliards de dollars). La fabrication par habitant au Swaziland était inférieure à celle de l'Afrique du Sud (282,8 de dollars) et du Mozambique (149,7 de dollars). La croissance de l'industrie de transformation au Swaziland était supérieure à celle de l'Afrique du Sud (4,9%) et du Mozambique (3,8%).

Comparaison avec les leaders. La valeur de la fabrication en Eswatini était inférieure à celle des États-Unis (378,0 milliards de dollars), de l'URSS (248,8 milliards de dollars), du Japon (169,3 milliards de dollars), de l'Allemagne (138,0 milliards de dollars) et de la France (64,5 milliards de dollars). La fabrication par habitant en Eswatini était inférieure à celle de l'Allemagne (1 752,1 de dollars), des États-Unis (1 731,8 de dollars), du Japon (1 520,6 de dollars), de la France (1 203,0 de dollars) et de l'URSS (986,6 de dollars). La croissance de la fabrication en Eswatini était supérieure à celle de l'URSS (5,2%), du Japon (4,5%), de la France (3,5%), des États-Unis (2,7%) et de l'Allemagne (2,1%).

Les années 1980

La fabrication du Swaziland était de 178,7 millions de dollars par an dans les années 1980, se classant au 123ème rang mondial à égalité avec la Papouasie-Nouvelle-Guinée (179,8 millions de dollars), le Liechtenstein (180,7 millions de dollars). La part dans le monde était de 0,0056% et de 0,21% en Afrique.

La part de l'industrie de transformation dans l'économie de l'Eswatini était de 21,3% dans les années 1980, se situant au 44ème rang mondial, à égalité avec le Sri Lanka (21,3%), le Malawi (21,3%), le Liechtenstein (21,4%).

La fabrication par habitant en Eswatini était de 259.1 dollars dans les années 1980, au 82ème rang mondial, à égalité avec l'Asie (256,6 de dollars). La fabrication par habitant en Eswatini était 2,6 fois inférieure la fabrication par habitant au Monde (661,2 US$), et 64,4% supérieure la fabrication par habitant en Afrique (157,6 US$).

La croissance de la fabrication au Swaziland était de 14.8% dans les années 1980, se classant au 3ème rang mondial. La croissance de l'industrie de transformation au Swaziland (14,8%) a été supérieure à celle du monde (2,6%), et supérieure à celle de l'Afrique (2,0%).

Comparaison avec les voisins. La valeur ajoutée de l'industrie de transformation au Swaziland était inférieure à celle de l'Afrique du Sud (17,2 milliards de dollars) et du Mozambique (1,2 milliards de dollars). La fabrication par habitant en Eswatini était supérieure à celle du Mozambique (96,6 de dollars); mais inférieure à celle de l'Afrique du Sud (533,5 de dollars). La croissance de la fabrication au Swaziland était supérieure à celle de l'Afrique du Sud (2,3%) et du Mozambique (-2,3%).

Comparaison avec les leaders. La fabrication de l'Eswatini était inférieure à celle des États-Unis (789,4 milliards de dollars), du Japon (501,0 milliards de dollars), de l'URSS (305,7 milliards de dollars), de l'Allemagne (258,7 milliards de dollars) et de l'Italie (134,1 milliards de dollars). La fabrication par habitant au Swaziland était inférieure à celle du Japon (4 131,0 de dollars), de l'Allemagne (3 316,0 de dollars), des États-Unis (3 296,4 de dollars), de l'Italie (2 359,9 de dollars) et de l'URSS (1 110,8 de dollars). La croissance de la fabrication au Swaziland était supérieure à celle de l'URSS (5,3%), du Japon (4,4%), de l'Italie (2,5%), des États-Unis (1,9%) et de l'Allemagne (1,2%).

Les années 1990

La valeur ajoutée de la fabrication au Swaziland était de 513,7 millions de dollars par an dans les années 1990, se situant au 119ème rang mondial à égalité avec la Birmanie (520,8 millions de dollars), le Mozambique (505,1 millions de dollars), le Burkina Faso (526,4 millions de dollars). La part dans le monde était de 0,0099% et de 0,58% en Afrique.

La part de l'industrie de transformation dans l'économie du Swaziland était de 32,0% dans les années 1990, au 7ème rang mondial.

La fabrication par habitant en Eswatini était de 562.1 dollars dans les années 1990, se situant au 72ème rang mondial, à égalité avec les Îles Turks-et-Caïcos (557,2 de dollars), la Polynésie (567,1 de dollars), la Serbie (568,3 de dollars). La fabrication par habitant au Swaziland était 38,1% inférieure la fabrication par habitant au Monde (908,4 US$), et 4,5 fois supérieure la fabrication par habitant en Afrique (124,8 US$).

La croissance de l'industrie de transformation au Swaziland était de 4.3% dans les années 1990, se classant au 62ème rang mondial, à égalité avec le Pakistan (4,3%). La croissance de la fabrication en Eswatini (4,3%) a été supérieure à celle du monde (2,0%), et supérieure à celle de l'Afrique (0,55%).

Comparaison avec les voisins. La valeur de l'industrie de transformation en Eswatini était supérieure à celle du Mozambique (505,1 millions de dollars); mais inférieure à celle de l'Afrique du Sud (26,2 milliards de dollars). La fabrication par habitant au Swaziland était supérieure à celle du Mozambique (33,4 de dollars); mais inférieure à celle de l'Afrique du Sud (641,7 de dollars). La croissance de l'industrie de transformation au Swaziland était supérieure à celle de l'Afrique du Sud (0,28%); mais inférieure à celle du Mozambique (5,4%).

Comparaison avec les leaders. La valeur ajoutée de la fabrication en Eswatini était inférieure à celle des États-Unis (1,2 billions de dollars), du Japon (1,0 billions de dollars), de l'Allemagne (468,8 milliards de dollars), de l'Italie (227,8 milliards de dollars) et de la France (215,0 milliards de dollars). La fabrication par habitant au Swaziland était inférieure à celle du Japon (8 305,2 de dollars), de l'Allemagne (5 813,5 de dollars), des États-Unis (4 707,3 de dollars), de l'Italie (3 994,1 de dollars) et de la France (3 621,1 de dollars). La croissance de l'industrie de transformation au Swaziland était supérieure à celle des États-Unis (3,2%), de la France (2,4%), de l'Italie (1,2%), du Japon (1,1%) et de l'Allemagne (0,26%).

Les années 2000

Chapitre 5.1. Fabrication

La valeur de la fabrication au Swaziland était de 909,6 millions de dollars par an dans les années 2000, se situant au 117ème rang mondial à égalité avec le Mali (909,1 millions de dollars), la Jamaïque (896,1 millions de dollars). La part dans le monde était de 0,012% et de 0,69% en Afrique.

La part de l'industrie de transformation dans l'économie du Swaziland était de 35,2% dans les années 2000, se situant au 5ème rang mondial.

La fabrication par habitant au Swaziland était de 882.8 dollars dans les années 2000, au 71ème rang mondial, à égalité avec la Lettonie (886,3 de dollars), la Thaïlande (889,4 de dollars), l'Uruguay (870,9 de dollars). La fabrication par habitant en Eswatini était 22,4% inférieure la fabrication par habitant au Monde (1 138,1 US$), et 6,1 fois supérieure la fabrication par habitant en Afrique (144,8 US$).

La croissance de la fabrication en Eswatini était de 2.3% dans les années 2000, au 116ème rang mondial, à égalité avec l'Argentine (2,2%), les Maldives (2,3%), le Brésil (2,3%). La croissance de l'industrie de transformation en Eswatini (2,3%) a été inférieure à celle du monde (4,2%), et inférieure à celle de l'Afrique (3,5%).

Comparaison avec les voisins. La fabrication de l'Eswatini était inférieure à celle de l'Afrique du Sud (33,9 milliards de dollars) et du Mozambique (1,1 milliards de dollars). La fabrication par habitant en Eswatini était supérieure à celle de l'Afrique du Sud (712,6 de dollars) et du Mozambique (53,6 de dollars). La croissance de l'industrie de transformation en Eswatini était inférieure à celle du Mozambique (9,7%) et de l'Afrique du Sud (2,6%).

Comparaison avec les leaders. Le secteur de l'industrie de transformation au Swaziland était inférieur à celui des États-Unis (1,6 billions de dollars), de la Chine (1,1 billions de dollars), du Japon (992,9 milliards de dollars), de l'Allemagne (551,4 milliards de dollars) et de l'Italie (277,2 milliards de dollars). La fabrication par habitant au Swaziland était supérieure à celle de la Chine (815,3 de dollars); mais inférieure à celle du Japon (7 746,3 de dollars), de l'Allemagne (6 773,6 de dollars), des États-Unis (5 600,5 de dollars) et de l'Italie (4 780,8 de dollars). La croissance de la fabrication en Eswatini était supérieure à celle des États-Unis (1,6%), du Japon (0,32%), de l'Allemagne (0,097%) et de l'Italie (-1,3%).

Les années 2010

La valeur de la fabrication en Eswatini était de 1,4 milliards de dollars par an dans les années 2010, se situant au 124ème rang mondial. La part dans le monde était de 0,011% et de 0,57% en Afrique.

La part de l'industrie de transformation dans l'économie de l'Eswatini était de 31,9% dans les années 2010, se situant au 4ème rang mondial.

La fabrication par habitant en Eswatini était de 1240.1 dollars dans les années 2010, se classant au 72ème rang mondial, à égalité avec Maurice (1 256,0 de dollars), Chypre (1 262,3 de dollars), le Suriname (1 271,7 de dollars). La fabrication par habitant en Eswatini était 26,9% inférieure la fabrication par habitant au Monde (1 697,4 US$), et 6,0 fois supérieure la fabrication par habitant en Afrique (206,2 US$).

La croissance de l'industrie de transformation au Swaziland était de 2.9% dans les années 2010, au 113ème rang mondial, à égalité avec l'Amérique centrale (2,9%), la Grenade (3,0%), le Mexique (3,0%). La croissance de la fabrication au Swaziland (2,9%) a été inférieure à celle du monde (3,9%), et inférieure à celle de l'Afrique (3,6%).

Comparaison avec les voisins. La valeur de la fabrication au Swaziland était 6,6% supérieure à celle du Mozambique (1,3 milliards de dollars); mais 31,5 fois inférieure à celle de l'Afrique du Sud (43,1 milliards de dollars). La fabrication par habitant au Swaziland était 58,2% supérieure à celle de l'Afrique du Sud (783,9 de dollars) et 25,9 fois supérieure à celle du Mozambique (47,9 de dollars). La croissance de l'industrie de transformation en Eswatini était supérieure à celle de l'Afrique du Sud (1,3%); mais inférieure à celle du Mozambique (3,0%).

Comparaison avec les leaders. Le secteur de l'industrie de transformation au Swaziland était 2 278,4 fois inférieur à celui de la Chine (3,1 billions de dollars), 1 514,4 fois inférieur à celui des États-Unis (2,1 billions de dollars), 775,3 fois inférieur à celui du Japon (1,1 billions de dollars), 537,7 fois inférieur à celui de l'Allemagne (735,2 milliards de dollars) et 285,6 fois inférieur à celui de la Corée du Sud (390,5 milliards de dollars). La fabrication par habitant en Eswatini était 7,2 fois inférieure à celle de l'Allemagne (8 981,7 de dollars), 6,7 fois inférieure à celle du Japon (8 286,2 de dollars), 6,2 fois inférieure à celle de la Corée du Sud (7 723,3 de dollars), 5,2 fois inférieure à celle des États-Unis (6 481,0 de dollars) et 44,2% inférieure à celle de la Chine (2 221,3 de dollars). La croissance de l'industrie de transformation au Swaziland était supérieure à celle des États-Unis (1,9%); mais inférieure à celle de la Chine (7,5%), de la Corée du Sud (3,8%), de l'Allemagne (3,5%) et du Japon (3,0%).

Chapitre VI. Construction

(ISIC F)

Le secteur de la construction en Eswatini est passé de 18,9 millions de dollars par an dans les années 1970 à 136,1 millions de dollars par an dans les années 2010, c'est-à-dire 117,2 millions de dollars ou de 7,2 fois. La variation a été de 87,3 millions de dollars en raison de l'augmentation de 2,8 fois des prix, et de 6,8 millions de dollars en raison de la croissance de productivité 1,2 fois, et de 23,1 millions de dollars en raison de la croissance démographique. La croissance annuelle moyenne de la construction était de 3,7%. La valeur minimale était de 6,5 millions de dollars en 1970. La valeur maximale était de 152,3 millions de dollars en 2011.

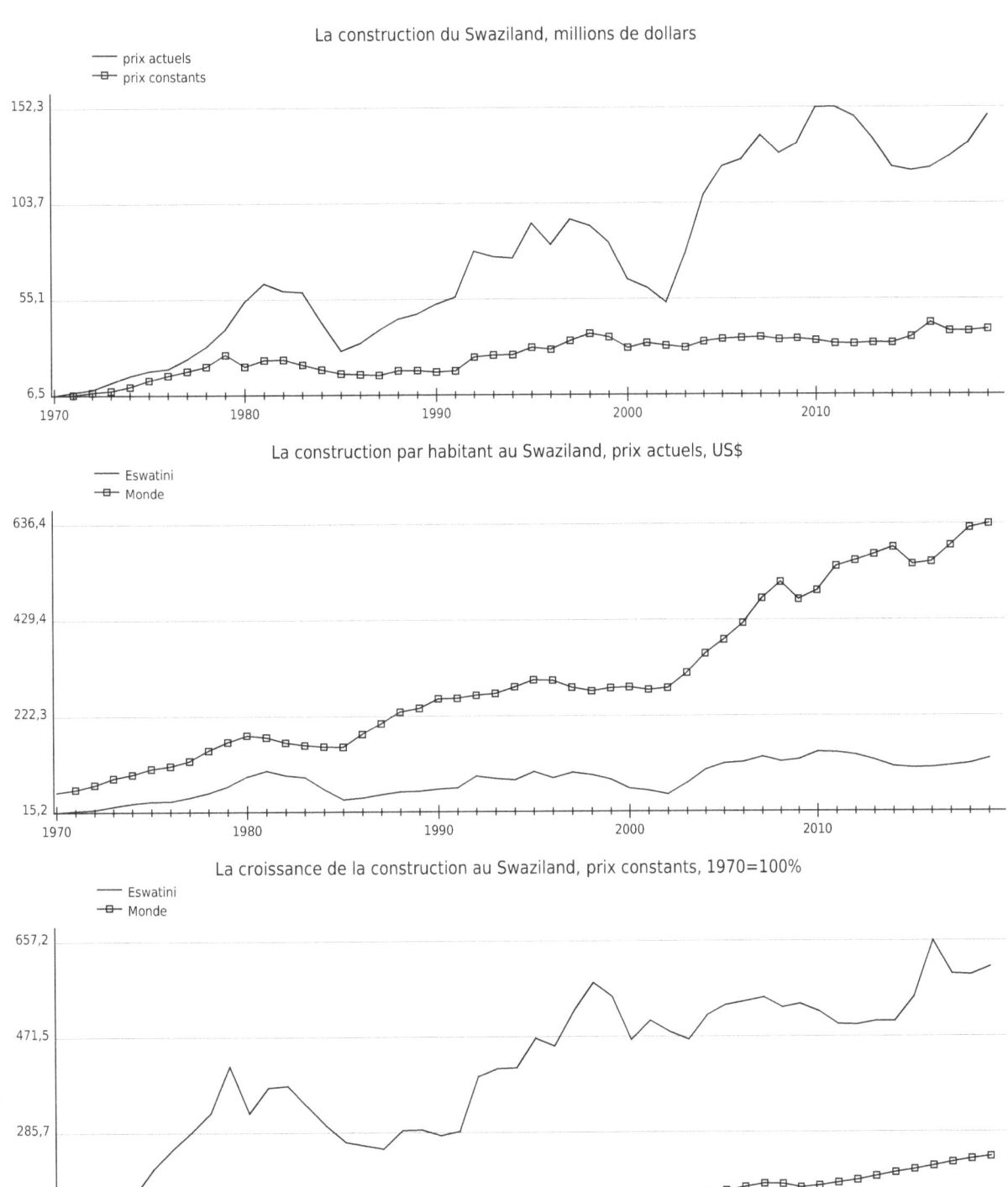

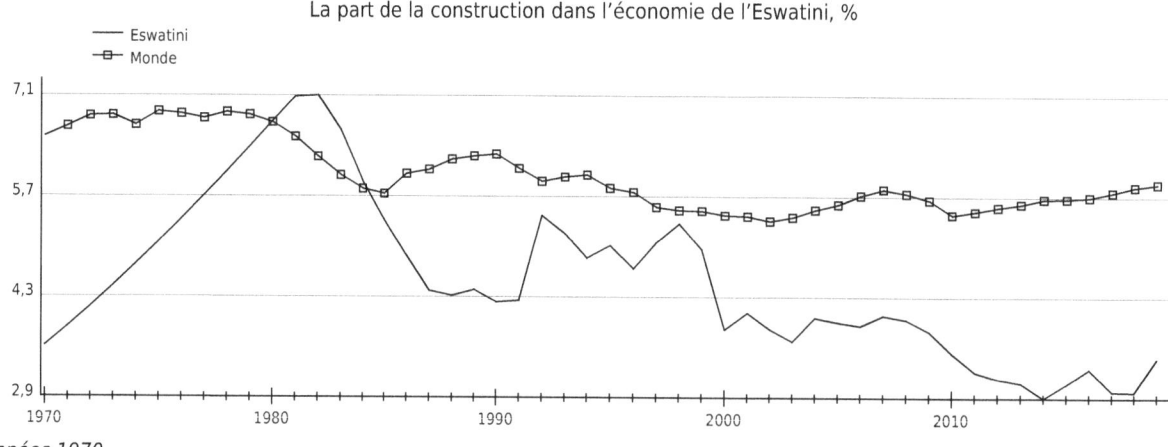

Les années 1970

La valeur ajoutée de la construction au Swaziland était de 18,9 millions de dollars par an dans les années 1970, au 143ème rang mondial à égalité avec le Togo (19,0 millions de dollars), la république du Congo (19,3 millions de dollars). La part dans le monde était de 0,0044% et de 0,12% en Afrique.

La part de la construction dans l'économie du Swaziland était de 5,3% dans les années 1970, se situant au 113ème rang mondial, à égalité avec l'Afrique centrale (5,3%).

La construction par habitant en Eswatini était de 38.1 dollars dans les années 1970, se situant au 107ème rang mondial, à égalité avec la Palestine (37,9 de dollars), Djibouti (39,0 de dollars). La construction par habitant en Eswatini était 2,8 fois inférieure la construction par habitant au Monde (106,1 US$), et 4,4% inférieure la construction par habitant en Afrique (39,9 US$).

La croissance de la construction au Swaziland était de 17.1% dans les années 1970, se classant au 6ème rang mondial, à égalité avec la Syrie (17,1%), le Koweït (17,2%). La croissance de la construction en Eswatini (17,1%) a été supérieure à celle du monde (2,1%), et supérieure à celle de l'Afrique (4,5%).

Comparaison avec les voisins. La construction de l'Eswatini était inférieure à celle de l'Afrique du Sud (1,6 milliards de dollars) et du Mozambique (166,3 millions de dollars). La construction par habitant en Eswatini était supérieure à celle du Mozambique (16,5 de dollars); mais inférieure à celle de l'Afrique du Sud (62,9 de dollars). La croissance de la construction en Eswatini était supérieure à celle du Mozambique (3,8%) et de l'Afrique du Sud (1,9%).

Comparaison avec les leaders. La valeur de la construction au Swaziland était inférieure à celle des États-Unis (81,1 milliards de dollars), de l'URSS (52,5 milliards de dollars), du Japon (43,5 milliards de dollars), de l'Allemagne (33,8 milliards de dollars) et de la France (22,4 milliards de dollars). La construction par habitant au Swaziland était inférieure à celle de l'Allemagne (428,6 de dollars), de la France (417,3 de dollars), du Japon (390,8 de dollars), des États-Unis (371,5 de dollars) et de l'URSS (208,1 de dollars). La croissance de la construction au Swaziland était supérieure à celle de l'URSS (6,5%), du Japon (3,4%), de la France (2,0%), de l'Allemagne (0,66%) et des États-Unis (0,31%).

Les années 1980

La construction du Swaziland était de 47,2 millions de dollars par an dans les années 1980, se classant au 138ème rang mondial. La part dans le monde était de 0,0052% et de 0,16% en Afrique.

La part de la construction dans l'économie du Swaziland était de 5,6% dans les années 1980, se classant au 89ème rang mondial, à égalité avec l'Afrique (5,6%), les Bermudes (5,6%), la Belgique (5,7%).

La construction par habitant en Eswatini était de 68.5 dollars dans les années 1980, se situant au 105ème rang mondial, à égalité avec Maurice (67,0 de dollars), Sao Tomé-et-Principe (66,9 de dollars). La construction par habitant au Swaziland était 2,7 fois inférieure la construction par habitant au Monde (186,2 US$), et 28,6% supérieure la construction par habitant en Afrique (53,3 US$).

La croissance de la construction au Swaziland était de -3.5% dans les années 1980, se classant au 158ème rang mondial. La croissance de la construction en Eswatini (-3,5%) a été inférieure à celle du monde (1,7%), et inférieure à celle de l'Afrique (0,41%).

Comparaison avec les voisins. La construction de l'Eswatini était inférieure à celle de l'Afrique du Sud (2,9 milliards de dollars) et du

Chapitre VI. Construction

Mozambique (132,5 millions de dollars). La construction par habitant au Swaziland était supérieure à celle du Mozambique (10,6 de dollars); mais inférieure à celle de l'Afrique du Sud (88,6 de dollars). La croissance de la construction en Eswatini était inférieure à celle de l'Afrique du Sud (-0,28%) et du Mozambique (-2,3%).

Comparaison avec les leaders. Le secteur de la construction au Swaziland était inférieur à celui des États-Unis (180,6 milliards de dollars), du Japon (138,7 milliards de dollars), de l'URSS (72,1 milliards de dollars), de l'Allemagne (57,8 milliards de dollars) et de la France (42,5 milliards de dollars). La construction par habitant au Swaziland était inférieure à celle du Japon (1 143,9 de dollars), des États-Unis (754,4 de dollars), de la France (751,9 de dollars), de l'Allemagne (740,2 de dollars) et de l'URSS (262,0 de dollars). La croissance de la construction en Eswatini était inférieure à celle de l'URSS (6,2%), du Japon (2,1%), des États-Unis (1,1%), de la France (0,67%) et de l'Allemagne (-0,52%).

Les années 1990

La valeur ajoutée de la construction au Swaziland était de 78,9 millions de dollars par an dans les années 1990, au 158ème rang mondial à égalité avec la Gambie (79,3 millions de dollars), le Tadjikistan (79,3 millions de dollars). La part dans le monde était de 0,0050% et de 0,32% en Afrique.

La part de la construction dans l'économie de l'Eswatini était de 4,9% dans les années 1990, se classant au 130ème rang mondial, à égalité avec la Tunisie (4,9%), la Suède (4,9%).

La construction par habitant au Swaziland était de 86.3 dollars dans les années 1990, au 115ème rang mondial, à égalité avec l'Ukraine (87,9 de dollars). La construction par habitant en Eswatini était 3,2 fois inférieure la construction par habitant au Monde (278,6 US$), et 2,5 fois supérieure la construction par habitant en Afrique (34,6 US$).

La croissance de la construction en Eswatini était de 6.5% dans les années 1990, se classant au 40ème rang mondial. La croissance de la construction au Swaziland (6,5%) a été supérieure à celle du monde (0,71%), et supérieure à celle de l'Afrique (2,8%).

Comparaison avec les voisins. Le secteur de la construction en Eswatini était inférieur à celui de l'Afrique du Sud (4,2 milliards de dollars) et du Mozambique (100,7 millions de dollars). La construction par habitant en Eswatini était supérieure à celle du Mozambique (6,7 de dollars); mais inférieure à celle de l'Afrique du Sud (103,4 de dollars). La croissance de la construction au Swaziland était supérieure à celle de l'Afrique du Sud (-1,3%); mais inférieure à celle du Mozambique (11,0%).

Comparaison avec les leaders. La valeur de la construction en Eswatini était inférieure à celle du Japon (343,2 milliards de dollars), des États-Unis (299,1 milliards de dollars), de l'Allemagne (125,2 milliards de dollars), du Royaume-Uni (69,8 milliards de dollars) et de la France (68,8 milliards de dollars). La construction par habitant en Eswatini était inférieure à celle du Japon (2 721,7 de dollars), de l'Allemagne (1 552,3 de dollars), du Royaume-Uni (1 205,1 de dollars), de la France (1 158,8 de dollars) et des États-Unis (1 131,2 de dollars). La croissance de la construction au Swaziland était supérieure à celle des États-Unis (1,8%), de l'Allemagne (-0,047%), du Royaume-Uni (-0,34%), de la France (-0,65%) et du Japon (-1,0%).

Les années 2000

La valeur ajoutée de la construction en Eswatini était de 101,3 millions de dollars par an dans les années 2000, au 169ème rang mondial à égalité avec le Suriname (100,2 millions de dollars). La part dans le monde était de 0,0041% et de 0,21% en Afrique.

La part de la construction dans l'économie du Swaziland était de 3,9% dans les années 2000, se situant au 173ème rang mondial, à égalité avec la république démocratique du Congo (3,9%).

La construction par habitant au Swaziland était de 98.4 dollars dans les années 2000, au 136ème rang mondial. La construction par habitant en Eswatini était 3,9 fois inférieure la construction par habitant au Monde (381,3 US$), et 83,0% supérieure la construction par habitant en Afrique (53,8 US$).

La croissance de la construction au Swaziland était de -0.3% dans les années 2000, au 187ème rang mondial. La croissance de la construction en Eswatini (-0,26%) a été inférieure à celle du monde (1,5%), et inférieure à celle de l'Afrique (8,4%).

Comparaison avec les voisins. La construction du Swaziland était inférieure à celle de l'Afrique du Sud (6,4 milliards de dollars) et du Mozambique (146,2 millions de dollars). La construction par habitant en Eswatini était supérieure à celle du Mozambique (7,2 de dollars); mais inférieure à celle de l'Afrique du Sud (134,4 de dollars). La croissance de la construction en Eswatini était inférieure à celle du Mozambique (10,2%) et de l'Afrique du Sud (8,9%).

Comparaison avec les leaders. La valeur de la construction en Eswatini était inférieure à celle des États-Unis (583,0 milliards de dollars), du Japon (270,5 milliards de dollars), de la Chine (150,1 milliards de dollars), du Royaume-Uni (132,1 milliards de dollars) et de l'Espagne (111,8 milliards de dollars). La construction par habitant en Eswatini était inférieure à celle de l'Espagne (2 560,2 de dollars), du Royaume-Uni (2 186,4 de dollars), du Japon (2 110,1 de dollars), des États-Unis (1 983,7 de dollars) et de la Chine (113,1 de dollars). La croissance de la construction au Swaziland était supérieure à celle des États-Unis (-2,6%) et du Japon (-3,9%); mais inférieure à celle de la Chine (11,9%), de l'Espagne (1,7%) et du Royaume-Uni (0,17%).

Les années 2010

Le secteur de la construction en Eswatini était de 136,1 millions de dollars par an dans les années 2010, se classant au 175ème rang mondial. La part dans le monde était de 0,0032% et de 0,11% en Afrique.

La part de la construction dans l'économie du Swaziland était de 3,2% dans les années 2010, se classant au 189ème rang mondial.

La construction par habitant au Swaziland était de 123.5 dollars dans les années 2010, au 156ème rang mondial, à égalité avec la Jordanie (123,5 de dollars), le Cambodge (124,5 de dollars), l'Asie du Sud (125,7 de dollars). La construction par habitant au Swaziland était 4,6 fois inférieure la construction par habitant au Monde (572,1 US$), et 12,8% supérieure la construction par habitant en Afrique (109,4 US$).

La croissance de la construction au Swaziland était de 1.3% dans les années 2010, se situant au 140ème rang mondial. La croissance de la construction en Eswatini (1,3%) a été inférieure à celle du monde (2,9%), et inférieure à celle de l'Afrique (5,8%).

Comparaison avec les voisins. La valeur de la construction en Eswatini était 93,1 fois inférieure à celle de l'Afrique du Sud (12,7 milliards de dollars) et 46,3% inférieure à celle du Mozambique (253,6 millions de dollars). La construction par habitant en Eswatini était 13,0 fois supérieure à celle du Mozambique (9,5 de dollars); mais 46,5% inférieure à celle de l'Afrique du Sud (230,7 de dollars). La croissance de la construction en Eswatini était supérieure à celle de l'Afrique du Sud (0,95%); mais inférieure à celle du Mozambique (3,8%).

Comparaison avec les leaders. La valeur ajoutée de la construction au Swaziland était 5 371,1 fois inférieure à celle de la Chine (731,1 milliards de dollars), 5 001,6 fois inférieure à celle des États-Unis (680,8 milliards de dollars), 2 047,2 fois inférieure à celle du Japon (278,7 milliards de dollars), 1 234,9 fois inférieure à celle de l'Inde (168,1 milliards de dollars) et 1 125,7 fois inférieure à celle de l'Allemagne (153,2 milliards de dollars). La construction par habitant en Eswatini était 17,6 fois inférieure à celle du Japon (2 178,3 de dollars), 17,3 fois inférieure à celle des États-Unis (2 130,9 de dollars), 15,2 fois inférieure à celle de l'Allemagne (1 871,9 de dollars), 4,2 fois inférieure à celle de la Chine (521,3 de dollars) et 4,4% inférieure à celle de l'Inde (129,1 de dollars). La croissance de la construction au Swaziland était inférieure à celle de la Chine (8,2%), de l'Inde (5,2%), de l'Allemagne (1,8%), du Japon (1,7%) et des États-Unis (1,4%).

Chapitre VII. Transport

Transport et stockage (ISIC I)

Le transport de l'Eswatini est passé de 18,4 millions de dollars par an dans les années 1970 à 206,5 millions de dollars par an dans les années 2010, c'est-à-dire 188,1 millions de dollars ou de 11,2 fois. La variation a été de 103,9 millions de dollars en raison de l'augmentation de 2,0 fois des prix, et de 61,5 millions de dollars en raison de la croissance de productivité de 2,5 fois, et de 22,6 millions de dollars en raison de la croissance démographique. La croissance annuelle moyenne du transport était de 4,5%. La valeur minimale était de 10,6 millions de dollars en 1970. La valeur maximale était de 242,1 millions de dollars en 2011.

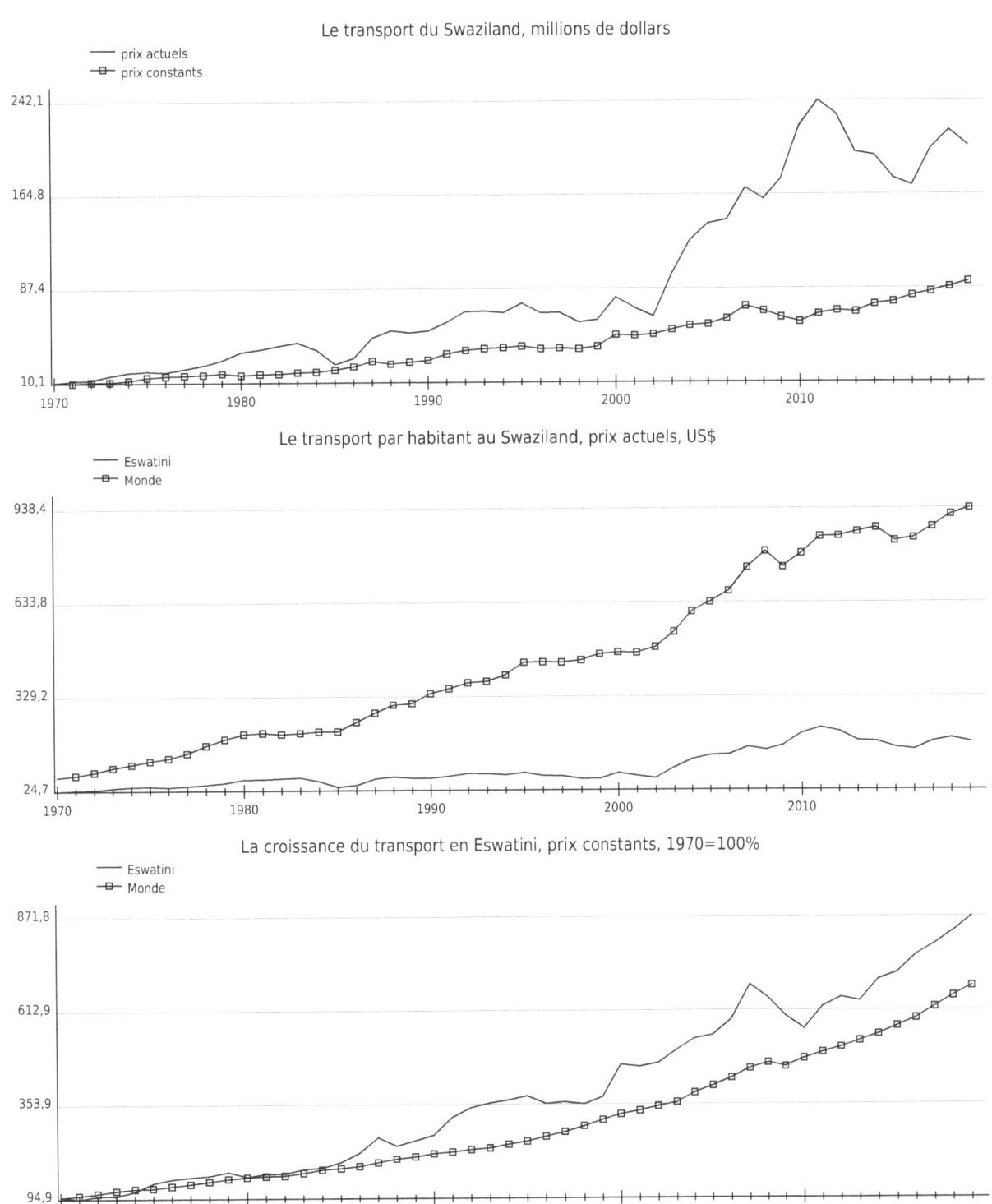

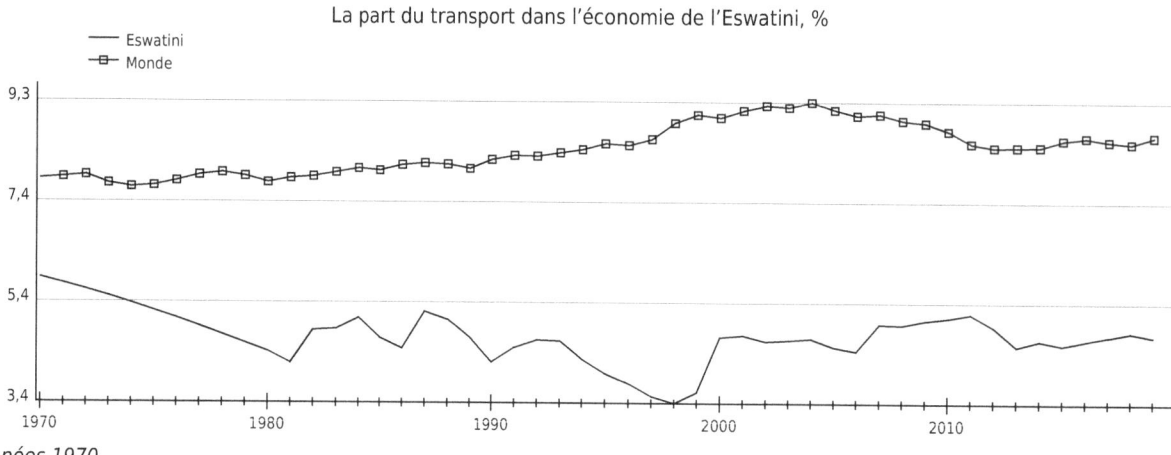

La part du transport dans l'économie de l'Eswatini, %

Les années 1970

Le secteur du transport au Swaziland était de 18,4 millions de dollars par an dans les années 1970, se classant au 139ème rang mondial à égalité avec d'Aruba (18,6 millions de dollars), la Palestine (18,1 millions de dollars), d'Haïti (18,9 millions de dollars). La part dans le monde était de 0,0037% et de 0,080% en Afrique.

La part du transport dans l'économie de l'Eswatini était de 5,1% dans les années 1970, au 126ème rang mondial, à égalité avec l'Asie du Sud-Est (5,1%).

Le transport par habitant en Eswatini était de 37.2 dollars dans les années 1970, se classant au 120ème rang mondial, à égalité avec le Cap-Vert (37,1 de dollars), le Ghana (36,8 de dollars), les Seychelles (36,6 de dollars). Le transport par habitant au Swaziland était 3,3 fois inférieur le transport par habitant au Monde (122,3 US$), et 33,4% inférieur le transport par habitant en Afrique (55,9 US$).

La croissance du transport en Eswatini était de 5.9% dans les années 1970, se classant au 83ème rang mondial, à égalité avec le Luxembourg (5,9%), la Mauritanie (5,9%). La croissance du transport au Swaziland (5,9%) a été supérieure à celle du monde (4,6%), et inférieure à celle de l'Afrique (6,8%).

Comparaison avec les voisins. Le transport de l'Eswatini était inférieur à celui de l'Afrique du Sud (3,3 milliards de dollars) et du Mozambique (480,1 millions de dollars). Le transport par habitant au Swaziland était inférieur à celui de l'Afrique du Sud (133,5 de dollars) et du Mozambique (47,5 de dollars). La croissance du transport au Swaziland était supérieure à celle de l'Afrique du Sud (5,6%) et du Mozambique (3,8%).

Comparaison avec les leaders. Le transport de l'Eswatini était inférieur à celui des États-Unis (168,6 milliards de dollars), du Japon (46,4 milliards de dollars), de l'Allemagne (29,6 milliards de dollars), de l'URSS (28,8 milliards de dollars) et de la France (24,0 milliards de dollars). Le transport par habitant au Swaziland était inférieur à celui des États-Unis (772,4 de dollars), de la France (447,4 de dollars), du Japon (416,6 de dollars), de l'Allemagne (376,1 de dollars) et de l'URSS (114,0 de dollars). La croissance du transport en Eswatini était supérieure à celle des États-Unis (4,2%), de la France (4,1%), de l'Allemagne (3,0%) et du Japon (1,7%); mais inférieure à celle de l'URSS (8,1%).

Les années 1980

La valeur ajoutée du transport en Eswatini était de 40,2 millions de dollars par an dans les années 1980, se classant au 143ème rang mondial. La part dans le monde était de 0,0034% et de 0,082% en Afrique.

La part du transport dans l'économie du Swaziland était de 4,8% dans les années 1980, se situant au 146ème rang mondial, à égalité avec l'Afghanistan (4,8%), le Bhoutan (4,8%), le Lesotho (4,8%).

Le transport par habitant en Eswatini était de 58.3 dollars dans les années 1980, se classant au 123ème rang mondial, à égalité avec le Guyana (57,9 de dollars). Le transport par habitant en Eswatini était 4,2 fois inférieur le transport par habitant au Monde (242,0 US$), et 35,5% inférieur le transport par habitant en Afrique (90,3 US$).

La croissance du transport au Swaziland était de 4.2% dans les années 1980, au 79ème rang mondial, à égalité avec l'Océanie (4,2%), la république du Congo (4,2%), la Turquie (4,2%). La croissance du transport en Eswatini (4,2%) a été supérieure à celle du monde (3,4%), et supérieure à celle de l'Afrique (-0,23%).

Chapitre VII. Transport

Comparaison avec les voisins. La valeur du transport en Eswatini était inférieure à celle de l'Afrique du Sud (7,2 milliards de dollars) et du Mozambique (681,7 millions de dollars). Le transport par habitant au Swaziland était supérieur à celui du Mozambique (54,6 de dollars); mais inférieur à celui de l'Afrique du Sud (222,1 de dollars). La croissance du transport en Eswatini était supérieure à celle de l'Afrique du Sud (2,1%) et du Mozambique (-1,1%).

Comparaison avec les leaders. La valeur ajoutée du transport en Eswatini était inférieure à celle des États-Unis (394,9 milliards de dollars), du Japon (147,7 milliards de dollars), de l'Allemagne (56,6 milliards de dollars), de la France (56,2 milliards de dollars) et du Royaume-Uni (53,0 milliards de dollars). Le transport par habitant en Eswatini était inférieur à celui des États-Unis (1 649,2 de dollars), du Japon (1 217,8 de dollars), de la France (993,7 de dollars), du Royaume-Uni (938,7 de dollars) et de l'Allemagne (725,5 de dollars). La croissance du transport au Swaziland était supérieure à celle des États-Unis (3,6%), du Royaume-Uni (3,0%) et de l'Allemagne (1,8%); mais inférieure à celle de la France (5,4%) et du Japon (4,7%).

Les années 1990

Le secteur du transport au Swaziland était de 64,9 millions de dollars par an dans les années 1990, se situant au 169ème rang mondial à égalité avec l'Érythrée (66,3 millions de dollars). La part dans le monde était de 0,0028% et de 0,15% en Afrique.

La part du transport dans l'économie de l'Eswatini était de 4,0% dans les années 1990, se classant au 189ème rang mondial, à égalité avec le Niger (4,0%).

Le transport par habitant au Swaziland était de 71 dollars dans les années 1990, se situant au 137ème rang mondial, à égalité avec le Ghana (71,6 de dollars), les Kiribati (71,7 de dollars), le Guyana (72,0 de dollars). Le transport par habitant en Eswatini était 5,8 fois inférieur le transport par habitant au Monde (409,5 US$), et 12,5% supérieur le transport par habitant en Afrique (63,1 US$).

La croissance du transport au Swaziland était de 3.9% dans les années 1990, au 115ème rang mondial, à égalité avec l'Afrique du Nord (3,9%). La croissance du transport en Eswatini (3,9%) a été inférieure à celle du monde (4,0%), et supérieure à celle de l'Afrique (3,3%).

Comparaison avec les voisins. Le transport du Swaziland était inférieur à celui de l'Afrique du Sud (12,4 milliards de dollars) et du Mozambique (511,7 millions de dollars). Le transport par habitant au Swaziland était supérieur à celui du Mozambique (33,8 de dollars); mais inférieur à celui de l'Afrique du Sud (303,7 de dollars). La croissance du transport en Eswatini était inférieure à celle du Mozambique (8,8%) et de l'Afrique du Sud (4,1%).

Comparaison avec les leaders. La valeur du transport en Eswatini était inférieure à celle des États-Unis (702,6 milliards de dollars), du Japon (373,9 milliards de dollars), de l'Allemagne (144,3 milliards de dollars), de la France (118,7 milliards de dollars) et du Royaume-Uni (117,6 milliards de dollars). Le transport par habitant en Eswatini était inférieur à celui du Japon (2 965,8 de dollars), des États-Unis (2 656,9 de dollars), du Royaume-Uni (2 031,3 de dollars), de la France (1 999,2 de dollars) et de l'Allemagne (1 789,0 de dollars). La croissance du transport au Swaziland était supérieure à celle de l'Allemagne (3,9%) et du Japon (3,0%); mais inférieure à celle des États-Unis (5,0%), de la France (4,8%) et du Royaume-Uni (4,7%).

Les années 2000

La valeur du transport en Eswatini était de 123,4 millions de dollars par an dans les années 2000, au 172ème rang mondial à égalité avec Sainte-Lucie (122,5 millions de dollars), l'Andorre (124,7 millions de dollars), le Liechtenstein (122,1 millions de dollars). La part dans le monde était de 0,0031% et de 0,14% en Afrique.

La part du transport dans l'économie du Swaziland était de 4,8% dans les années 2000, se classant au 188ème rang mondial.

Le transport par habitant en Eswatini était de 119.8 dollars dans les années 2000, se situant au 146ème rang mondial. Le transport par habitant au Swaziland était 5,2 fois inférieur le transport par habitant au Monde (621,1 US$), et 20,6% supérieur le transport par habitant en Afrique (99,3 US$).

La croissance du transport au Swaziland était de 4.8% dans les années 2000, se situant au 113ème rang mondial, à égalité avec les Samoa (4,8%). La croissance du transport en Eswatini (4,8%) a été supérieure à celle du monde (3,9%), et inférieure à celle de l'Afrique (7,8%).

Comparaison avec les voisins. Le secteur du transport au Swaziland était inférieur à celui de l'Afrique du Sud (21,2 milliards de dollars) et du Mozambique (1,0 milliards de dollars). Le transport par habitant en Eswatini était supérieur à celui du Mozambique (49,8 de dollars); mais inférieur à celui de l'Afrique du Sud (445,0 de dollars). La croissance du transport en Eswatini était inférieure à celle du

Mozambique (7,3%) et de l'Afrique du Sud (5,5%).

Comparaison avec les leaders. La valeur ajoutée du transport en Eswatini était inférieure à celle des États-Unis (1,2 billions de dollars), du Japon (468,5 milliards de dollars), de l'Allemagne (228,2 milliards de dollars), du Royaume-Uni (215,9 milliards de dollars) et de la France (185,6 milliards de dollars). Le transport par habitant en Eswatini était inférieur à celui des États-Unis (4 029,0 de dollars), du Japon (3 655,1 de dollars), du Royaume-Uni (3 572,9 de dollars), de la France (2 955,1 de dollars) et de l'Allemagne (2 803,7 de dollars). La croissance du transport au Swaziland était supérieure à celle de l'Allemagne (3,4%), du Royaume-Uni (3,1%), des États-Unis (3,1%), de la France (2,7%) et du Japon (1,5%).

Les années 2010

La valeur ajoutée du transport au Swaziland était de 206,5 millions de dollars par an dans les années 2010, se situant au 172ème rang mondial à égalité avec le Liechtenstein (208,3 millions de dollars). La part dans le monde était de 0,0033% et de 0,10% en Afrique.

La part du transport dans l'économie de l'Eswatini était de 4,8% dans les années 2010, au 192ème rang mondial, à égalité avec la Guinée-Bissau (4,8%), Saint-Marin (4,8%).

Le transport par habitant en Eswatini était de 187.3 dollars dans les années 2010, au 152ème rang mondial, à égalité avec l'Angola (186,8 de dollars), le Soudan (186,2 de dollars), l'Ouzbékistan (189,6 de dollars). Le transport par habitant en Eswatini était 4,6 fois inférieur le transport par habitant au Monde (864,8 US$), et 7,8% supérieur le transport par habitant en Afrique (173,7 US$).

La croissance du transport au Swaziland était de 3.9% dans les années 2010, se situant au 119ème rang mondial, à égalité avec Madagascar (3,8%), les Tonga (3,9%). La croissance du transport au Swaziland (3,9%) a été inférieure à celle du monde (4,0%), et supérieure à celle de l'Afrique (3,8%).

Comparaison avec les voisins. La valeur ajoutée du transport en Eswatini était 153,6 fois inférieure à celle de l'Afrique du Sud (31,7 milliards de dollars) et 7,2 fois inférieure à celle du Mozambique (1,5 milliards de dollars). Le transport par habitant au Swaziland était 3,4 fois supérieur à celui du Mozambique (55,3 de dollars); mais 3,1 fois inférieur à celui de l'Afrique du Sud (577,5 de dollars). La croissance du transport au Swaziland était supérieure à celle de l'Afrique du Sud (1,9%); mais inférieure à celle du Mozambique (5,4%).

Comparaison avec les leaders. Le secteur du transport au Swaziland était 8 661,3 fois inférieur à celui des États-Unis (1,8 billions de dollars), 2 566,0 fois inférieur à celui du Japon (529,8 milliards de dollars), 2 248,3 fois inférieur à celui de la Chine (464,2 milliards de dollars), 1 453,0 fois inférieur à celui de l'Allemagne (300,0 milliards de dollars) et 1 248,3 fois inférieur à celui du Royaume-Uni (257,7 milliards de dollars). Le transport par habitant au Swaziland était 29,9 fois inférieur à celui des États-Unis (5 597,8 de dollars), 22,1 fois inférieur à celui du Japon (4 141,7 de dollars), 21,0 fois inférieur à celui du Royaume-Uni (3 929,2 de dollars), 19,6 fois inférieur à celui de l'Allemagne (3 665,2 de dollars) et 43,4% inférieur à celui de la Chine (331,0 de dollars). La croissance du transport en Eswatini était supérieure à celle du Royaume-Uni (2,8%), de l'Allemagne (2,7%) et du Japon (0,81%); mais inférieure à celle de la Chine (7,5%) et des États-Unis (5,1%).

Chapitre VIII. Commerce

Commerce de gros et de détail; restaurants et hôtels (ISIC G-H)

Le secteur du commerce au Swaziland est passé de 72,7 millions de dollars par an dans les années 1970 à 671,1 millions de dollars par an dans les années 2010, c'est-à-dire 598,5 millions de dollars ou de 9,2 fois. La variation a été de 404,3 millions de dollars en raison de l'augmentation de 2,5 fois des prix, et de 105,1 millions de dollars en raison de la croissance de productivité de 1,6 fois, et de 89,1 millions de dollars en raison de la croissance démographique. La croissance annuelle moyenne du commerce était de 3,2%. La valeur minimale était de 43,6 millions de dollars en 1970. La valeur maximale était de 736,3 millions de dollars en 2011.

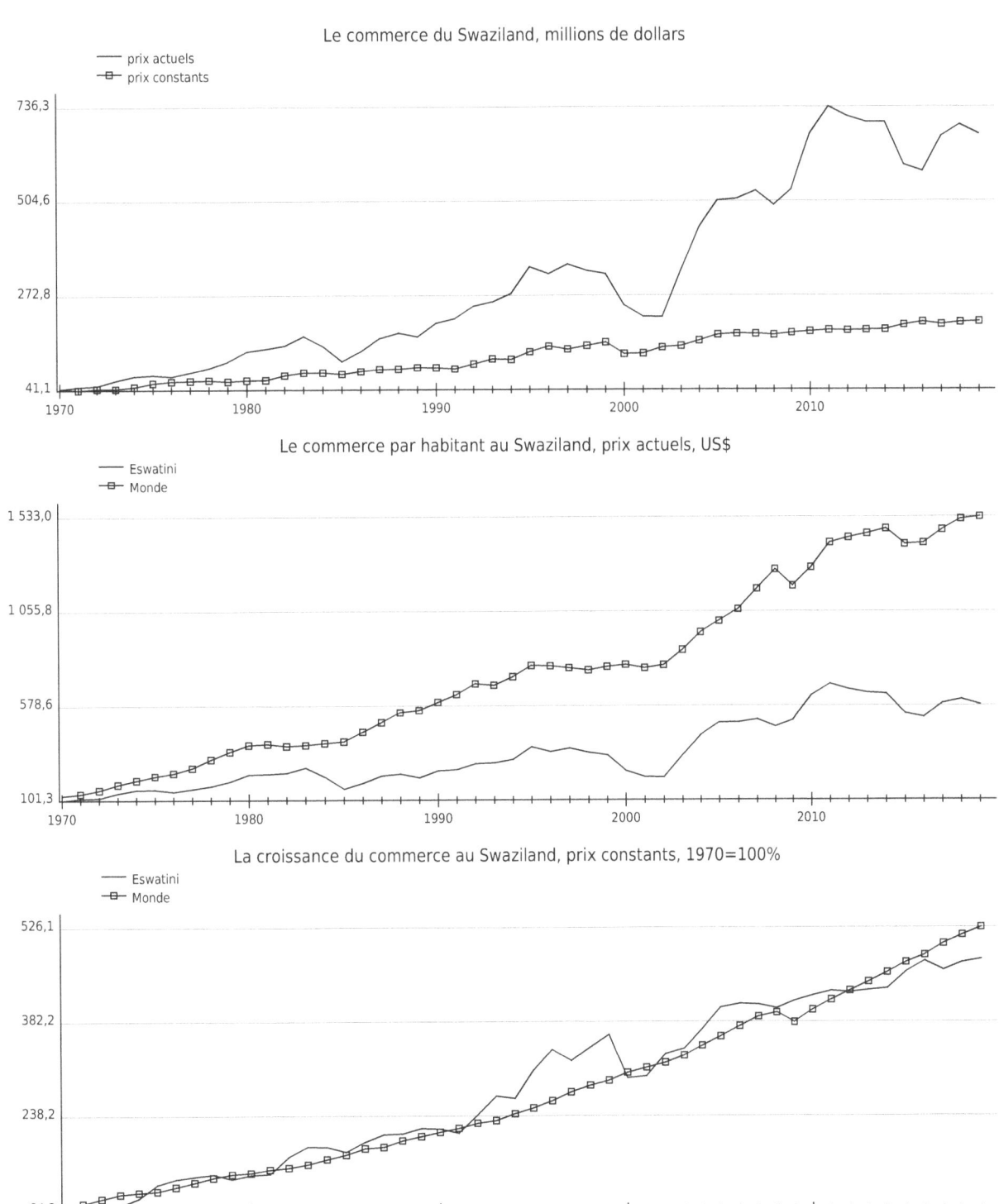

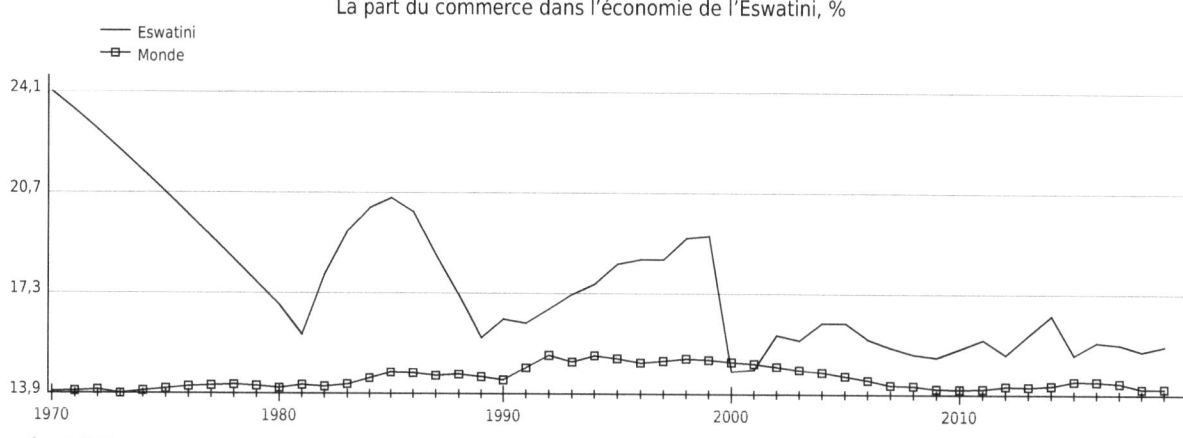

La part du commerce dans l'économie de l'Eswatini, %

Les années 1970

La valeur du commerce en Eswatini était de 72,7 millions de dollars par an dans les années 1970, se situant au 132ème rang mondial à égalité avec le Togo (72,6 millions de dollars). La part dans le monde était de 0,0081% et de 0,24% en Afrique.

La part du commerce dans l'économie du Swaziland était de 20,3% dans les années 1970, au 42ème rang mondial.

Le commerce par habitant en Eswatini était de 146.7 dollars dans les années 1970, se situant au 87ème rang mondial, à égalité avec le Liban (147,1 de dollars), le Guyana (148,1 de dollars), Sao Tomé-et-Principe (149,1 de dollars). Le commerce par habitant en Eswatini était 33,6% inférieur le commerce par habitant au Monde (221,0 US$), et 98,9% supérieur le commerce par habitant en Afrique (73,8 US$).

La croissance du commerce en Eswatini était de 4% dans les années 1970, se situant au 107ème rang mondial, à égalité avec la France (3,9%), l'Amérique septentrionale (4,0%). La croissance du commerce au Swaziland (4,0%) a été inférieure à celle du monde (4,5%), et inférieure à celle de l'Afrique (4,6%).

Comparaison avec les voisins. La valeur ajoutée du commerce en Eswatini était inférieure à celle de l'Afrique du Sud (4,4 milliards de dollars) et du Mozambique (480,3 millions de dollars). Le commerce par habitant au Swaziland était supérieur à celui du Mozambique (47,5 de dollars); mais inférieur à celui de l'Afrique du Sud (176,4 de dollars). La croissance du commerce en Eswatini était supérieure à celle du Mozambique (3,9%) et de l'Afrique du Sud (2,7%).

Comparaison avec les leaders. La valeur du commerce au Swaziland était inférieure à celle des États-Unis (278,3 milliards de dollars), du Japon (90,3 milliards de dollars), de l'URSS (62,3 milliards de dollars), de l'Allemagne (61,1 milliards de dollars) et de la France (40,9 milliards de dollars). Le commerce par habitant en Eswatini était inférieur à celui des États-Unis (1 275,1 de dollars), du Japon (811,1 de dollars), de l'Allemagne (775,5 de dollars), de la France (762,4 de dollars) et de l'URSS (247,1 de dollars). La croissance du commerce en Eswatini était supérieure à celle de la France (3,9%), des États-Unis (3,9%) et de l'Allemagne (3,0%); mais inférieure à celle du Japon (8,2%) et de l'URSS (5,2%).

Les années 1980

Le secteur du commerce au Swaziland était de 151,6 millions de dollars par an dans les années 1980, au 136ème rang mondial à égalité avec le Liechtenstein (151,1 millions de dollars). La part dans le monde était de 0,0072% et de 0,23% en Afrique.

La part du commerce dans l'économie du Swaziland était de 18,0% dans les années 1980, au 54ème rang mondial, à égalité avec l'Espagne (18,1%), le Vanuatu (18,1%), la Côte d'Ivoire (18,2%).

Le commerce par habitant en Eswatini était de 219.8 dollars dans les années 1980, se situant au 95ème rang mondial, à égalité avec la République dominicaine (219,4 de dollars), la Malaisie (218,5 de dollars). Le commerce par habitant en Eswatini était 49,8% inférieur le commerce par habitant au Monde (437,7 US$), et 80,4% supérieur le commerce par habitant en Afrique (121,8 US$).

La croissance du commerce au Swaziland était de 4.4% dans les années 1980, au 45ème rang mondial, à égalité avec la République dominicaine (4,4%), la Mauritanie (4,5%). La croissance du commerce au Swaziland (4,4%) a été supérieure à celle du monde (3,3%), et supérieure à celle de l'Afrique (2,7%).

Comparaison avec les voisins. Le secteur du commerce au Swaziland était inférieur à celui de l'Afrique du Sud (9,7 milliards de dollars)

Chapitre VIII. Commerce

et du Mozambique (682,3 millions de dollars). Le commerce par habitant au Swaziland était supérieur à celui du Mozambique (54,7 de dollars); mais inférieur à celui de l'Afrique du Sud (301,1 de dollars). La croissance du commerce au Swaziland était supérieure à celle de l'Afrique du Sud (3,2%) et du Mozambique (-1,3%).

Comparaison avec les leaders. La valeur ajoutée du commerce en Eswatini était inférieure à celle des États-Unis (653,3 milliards de dollars), du Japon (277,3 milliards de dollars), de l'Allemagne (116,7 milliards de dollars), de l'URSS (112,3 milliards de dollars) et de l'Italie (95,7 milliards de dollars). Le commerce par habitant en Eswatini était inférieur à celui des États-Unis (2 728,2 de dollars), du Japon (2 286,5 de dollars), de l'Italie (1 684,2 de dollars), de l'Allemagne (1 496,0 de dollars) et de l'URSS (408,1 de dollars). La croissance du commerce au Swaziland était supérieure à celle des États-Unis (4,4%), de l'Italie (2,3%), de l'Allemagne (1,8%) et de l'URSS (-0,62%); mais inférieure à celle du Japon (4,9%).

Les années 1990

Le secteur du commerce en Eswatini était de 287,8 millions de dollars par an dans les années 1990, se classant au 149ème rang mondial à égalité avec le Malawi (284,8 millions de dollars). La part dans le monde était de 0,0070% et de 0,34% en Afrique.

La part du commerce dans l'économie de l'Eswatini était de 17,9% dans les années 1990, au 62ème rang mondial, à égalité avec la Côte d'Ivoire (17,9%), le Costa Rica (18,1%).

Le commerce par habitant au Swaziland était de 314.9 dollars dans les années 1990, se classant au 101ème rang mondial, à égalité avec la Lituanie (321,3 de dollars). Le commerce par habitant en Eswatini était 2,3 fois inférieur le commerce par habitant au Monde (721,8 US$), et 2,6 fois supérieur le commerce par habitant en Afrique (120,3 US$).

La croissance du commerce au Swaziland était de 5.2% dans les années 1990, se classant au 42ème rang mondial, à égalité avec l'Asie du Sud-Est (5,1%), les îles Cook (5,2%). La croissance du commerce au Swaziland (5,2%) a été supérieure à celle du monde (3,5%), et supérieure à celle de l'Afrique (2,8%).

Comparaison avec les voisins. La valeur ajoutée du commerce au Swaziland était inférieure à celle de l'Afrique du Sud (18,5 milliards de dollars) et du Mozambique (622,8 millions de dollars). Le commerce par habitant au Swaziland était supérieur à celui du Mozambique (41,1 de dollars); mais inférieur à celui de l'Afrique du Sud (454,0 de dollars). La croissance du commerce au Swaziland était supérieure à celle du Mozambique (4,7%) et de l'Afrique du Sud (1,8%).

Comparaison avec les leaders. Le commerce de l'Eswatini était inférieur à celui des États-Unis (1,2 billions de dollars), du Japon (713,2 milliards de dollars), de l'Allemagne (243,7 milliards de dollars), de l'Italie (185,6 milliards de dollars) et de la France (177,0 milliards de dollars). Le commerce par habitant au Swaziland était inférieur à celui du Japon (5 656,5 de dollars), des États-Unis (4 395,6 de dollars), de l'Italie (3 255,0 de dollars), de l'Allemagne (3 021,8 de dollars) et de la France (2 980,3 de dollars). La croissance du commerce en Eswatini était supérieure à celle des États-Unis (4,3%), du Japon (3,8%), de l'Allemagne (2,5%), de la France (2,4%) et de l'Italie (1,9%).

Les années 2000

La valeur ajoutée du commerce en Eswatini était de 403,5 millions de dollars par an dans les années 2000, se classant au 160ème rang mondial à égalité avec la Mauritanie (412,0 millions de dollars). La part dans le monde était de 0,0063% et de 0,27% en Afrique.

La part du commerce dans l'économie de l'Eswatini était de 15,6% dans les années 2000, au 90ème rang mondial, à égalité avec le Liban (15,7%), le Sri Lanka (15,7%), la Slovaquie (15,6%).

Le commerce par habitant en Eswatini était de 391.6 dollars dans les années 2000, au 115ème rang mondial, à égalité avec la Serbie (392,0 de dollars), l'Équateur (391,1 de dollars), la Libye (395,6 de dollars). Le commerce par habitant en Eswatini était 2,5 fois inférieur le commerce par habitant au Monde (990,3 US$), et 2,4 fois supérieur le commerce par habitant en Afrique (164,0 US$).

La croissance du commerce au Swaziland était de 1.3% dans les années 2000, au 165ème rang mondial. La croissance du commerce au Swaziland (1,3%) a été inférieure à celle du monde (2,7%), et inférieure à celle de l'Afrique (5,9%).

Comparaison avec les voisins. La valeur ajoutée du commerce en Eswatini était inférieure à celle de l'Afrique du Sud (27,9 milliards de dollars) et du Mozambique (981,4 millions de dollars). Le commerce par habitant au Swaziland était supérieur à celui du Mozambique (48,5 de dollars); mais inférieur à celui de l'Afrique du Sud (586,4 de dollars). La croissance du commerce au Swaziland était inférieure à celle du Mozambique (8,5%) et de l'Afrique du Sud (3,9%).

Comparaison avec les leaders. Le commerce de l'Eswatini était inférieur à celui des États-Unis (1,9 billions de dollars), du Japon (771,8 milliards de dollars), de l'Allemagne (296,0 milliards de dollars), du Royaume-Uni (293,5 milliards de dollars) et de la Chine (262,0 milliards de dollars). Le commerce par habitant en Eswatini était supérieur à celui de la Chine (197,5 de dollars); mais inférieur à celui des États-Unis (6 383,1 de dollars), du Japon (6 021,3 de dollars), du Royaume-Uni (4 856,7 de dollars) et de l'Allemagne (3 637,0 de dollars). La croissance du commerce au Swaziland était supérieure à celle du Royaume-Uni (1,3%), des États-Unis (1,1%) et du Japon (-0,77%); mais inférieure à celle de la Chine (11,9%) et de l'Allemagne (1,7%).

Les années 2010

La valeur du commerce au Swaziland était de 671,1 millions de dollars par an dans les années 2010, se situant au 162ème rang mondial à égalité avec les Fidji (656,3 millions de dollars). La part dans le monde était de 0,0064% et de 0,20% en Afrique.

La part du commerce dans l'économie de l'Eswatini était de 15,7% dans les années 2010, se situant au 102ème rang mondial, à égalité avec le Salvador (15,7%), les Îles Marshall (15,7%), l'Amérique du Sud (15,6%).

Le commerce par habitant en Eswatini était de 608.7 dollars dans les années 2010, se classant au 123ème rang mondial, à égalité avec l'Algérie (600,5 de dollars), l'Azerbaïdjan (599,0 de dollars). Le commerce par habitant en Eswatini était 2,4 fois inférieur le commerce par habitant au Monde (1 436,8 US$), et 2,1 fois supérieur le commerce par habitant en Afrique (291,7 US$).

La croissance du commerce en Eswatini était de 1.4% dans les années 2010, se situant au 165ème rang mondial, à égalité avec la Tunisie (1,4%). La croissance du commerce en Eswatini (1,4%) a été inférieure à celle du monde (3,3%), et inférieure à celle de l'Afrique (3,4%).

Comparaison avec les voisins. Le secteur du commerce en Eswatini était 71,6 fois inférieur à celui de l'Afrique du Sud (48,1 milliards de dollars) et 2,7 fois inférieur à celui du Mozambique (1,8 milliards de dollars). Le commerce par habitant en Eswatini était 9,0 fois supérieur à celui du Mozambique (67,4 de dollars); mais 30,5% inférieur à celui de l'Afrique du Sud (875,4 de dollars). La croissance du commerce en Eswatini était inférieure à celle du Mozambique (5,6%) et de l'Afrique du Sud (2,0%).

Comparaison avec les leaders. La valeur du commerce au Swaziland était 3 897,1 fois inférieure à celle des États-Unis (2,6 billions de dollars), 1 779,6 fois inférieure à celle de la Chine (1,2 billions de dollars), 1 295,6 fois inférieure à celle du Japon (869,5 milliards de dollars), 555,2 fois inférieure à celle de l'Allemagne (372,6 milliards de dollars) et 491,7 fois inférieure à celle du Royaume-Uni (330,0 milliards de dollars). Le commerce par habitant au Swaziland était 13,4 fois inférieur à celui des États-Unis (8 186,4 de dollars), 11,2 fois inférieur à celui du Japon (6 797,1 de dollars), 8,3 fois inférieur à celui du Royaume-Uni (5 030,4 de dollars), 7,5 fois inférieur à celui de l'Allemagne (4 551,8 de dollars) et 28,5% inférieur à celui de la Chine (851,7 de dollars). La croissance du commerce en Eswatini était supérieure à celle du Japon (0,77%); mais inférieure à celle de la Chine (8,9%), du Royaume-Uni (2,8%), des États-Unis (2,3%) et de l'Allemagne (2,0%).

Chapitre IX. Services

(ISIC J-P)

La valeur ajoutée des services en Eswatini est passé de 97,7 millions de dollars par an dans les années 1970 à 1,4 milliards de dollars par an dans les années 2010, c'est-à-dire 1,3 milliards de dollars ou de 14,3 fois. La variation a été de 842,2 millions de dollars en raison de l'augmentation de 2,5 fois des prix, et de 342,4 millions de dollars en raison de la croissance de productivité de 2,6 fois, et de 119,8 millions de dollars en raison de la croissance démographique. La croissance annuelle moyenne des services était de 4,9%. La valeur minimale était de 47,1 millions de dollars en 1970. La valeur maximale était de 1,6 milliards de dollars en 2018.

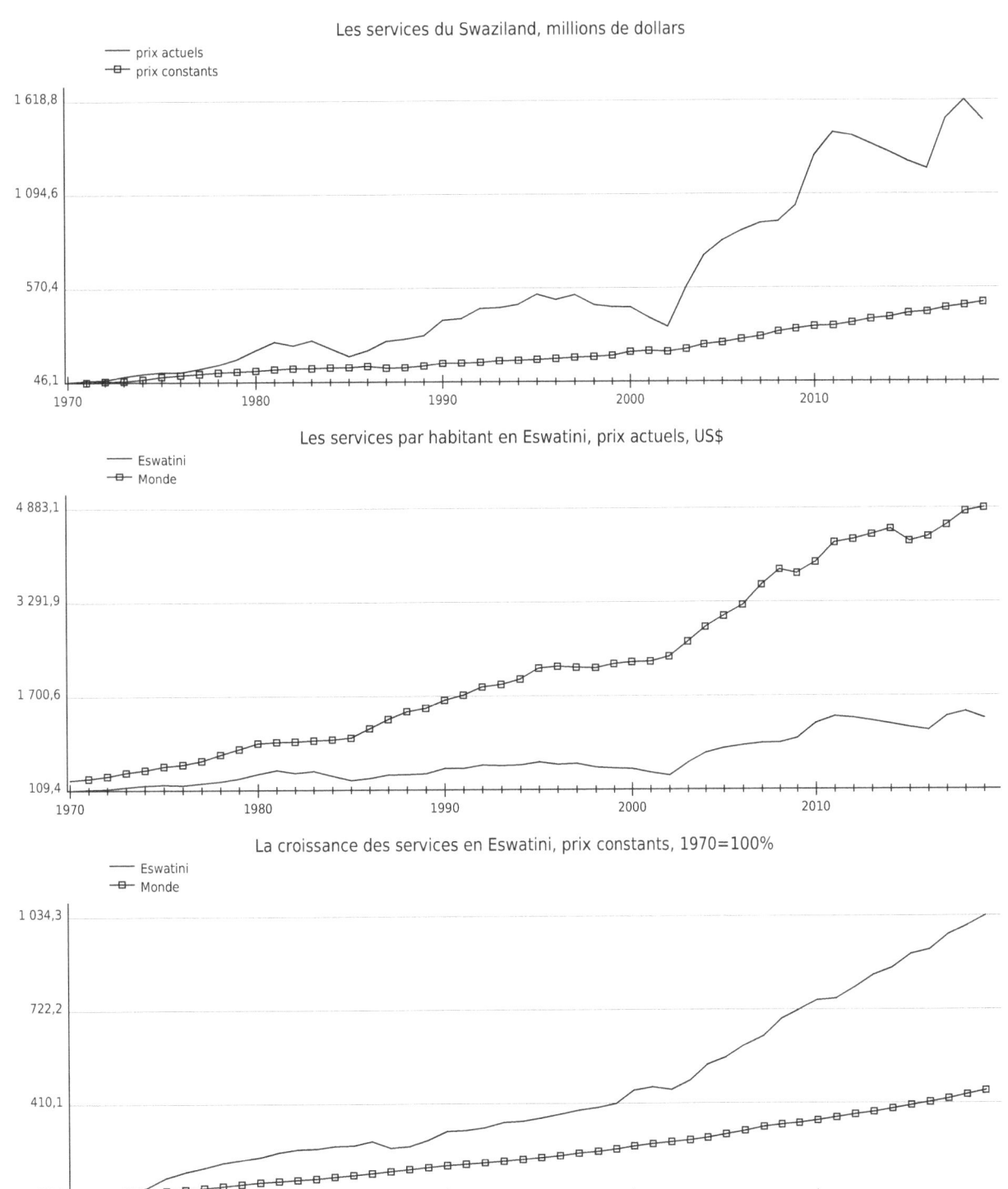

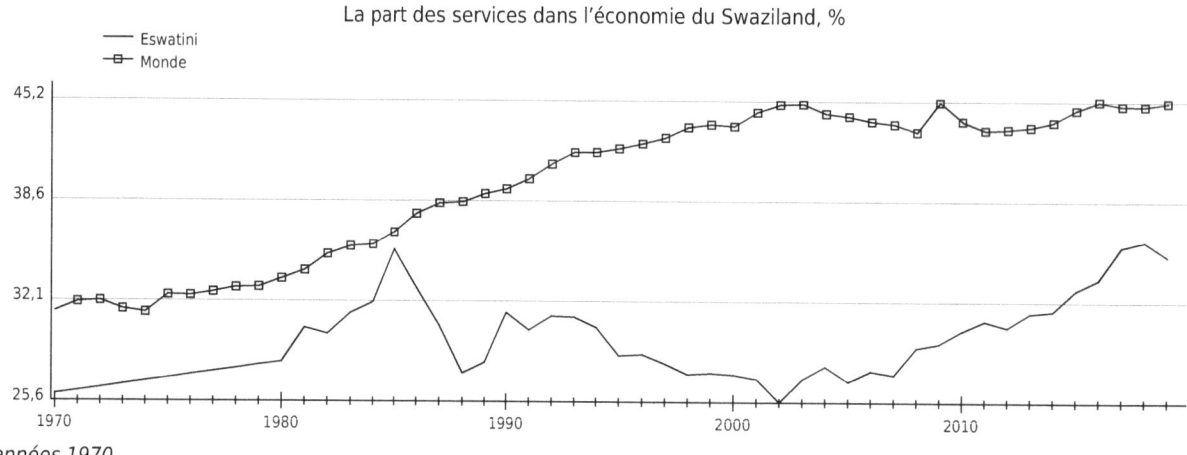

Les années 1970

Le secteur des services au Swaziland était de 97,7 millions de dollars par an dans les années 1970, au 139ème rang mondial à égalité avec le Brunei (96,9 millions de dollars), le Groenland (96,7 millions de dollars), le Liechtenstein (100,2 millions de dollars). La part dans le monde était de 0,0048% et de 0,15% en Afrique.

La part des services dans l'économie de l'Eswatini était de 27,2% dans les années 1970, au 98ème rang mondial, à égalité avec l'Espagne (27,1%), le Botswana (27,0%).

Les services par habitant au Swaziland étaient de 197.3 dollars dans les années 1970, se classant au 101ème rang mondial, à égalité avec la Mauritanie (199,5 de dollars). Les services par habitant en Eswatini étaient 2,6 fois inférieures les services par habitant au Monde (506,9 US$), et 26,5% supérieures les services par habitant en Afrique (156,0 US$).

La croissance des services en Eswatini était de 9.4% dans les années 1970, se situant au 21ème rang mondial, à égalité avec les Îles Caïmans (9,4%), le Brésil (9,4%), la Malaisie (9,5%). La croissance des services au Swaziland (9,4%) a été supérieure à celle du monde (4,1%), et supérieure à celle de l'Afrique (5,5%).

Comparaison avec les voisins. La valeur ajoutée des services au Swaziland était inférieure à celle de l'Afrique du Sud (9,4 milliards de dollars) et du Mozambique (613,1 millions de dollars). Les services par habitant en Eswatini étaient supérieures à celles du Mozambique (60,7 de dollars); mais inférieures à celles de l'Afrique du Sud (378,7 de dollars). La croissance des services au Swaziland était supérieure à celle du Mozambique (3,9%) et de l'Afrique du Sud (3,7%).

Comparaison avec les leaders. Le secteur des services au Swaziland était inférieur à celui des États-Unis (674,4 milliards de dollars), de l'URSS (168,3 milliards de dollars), du Japon (153,8 milliards de dollars), de l'Allemagne (150,2 milliards de dollars) et de la France (121,8 milliards de dollars). Les services par habitant en Eswatini étaient inférieures à celles des États-Unis (3 090,2 de dollars), de la France (2 271,8 de dollars), de l'Allemagne (1 907,6 de dollars), du Japon (1 381,3 de dollars) et de l'URSS (667,3 de dollars). La croissance des services en Eswatini était supérieure à celle du Japon (5,9%), de l'Allemagne (4,8%), de la France (3,9%), des États-Unis (3,3%) et de l'URSS (0,90%).

Les années 1980

Les services de l'Eswatini étaient de 254,3 millions de dollars par an dans les années 1980, se classant au 138ème rang mondial à égalité avec le Liberia (259,9 millions de dollars). La part dans le monde était de 0,0047% et de 0,20% en Afrique.

La part des services dans l'économie du Swaziland était de 30,3% dans les années 1980, se classant au 90ème rang mondial, à égalité avec d'Anguilla (30,0%).

Les services par habitant au Swaziland étaient de 368.8 dollars dans les années 1980, se classant au 105ème rang mondial, à égalité avec Maurice (370,8 de dollars), la Roumanie (365,9 de dollars), la Pologne (373,6 de dollars). Les services par habitant au Swaziland étaient 3,0 fois inférieures les services par habitant au Monde (1 115,5 US$), et 56,5% supérieures les services par habitant en Afrique (235,7 US$).

La croissance des services en Eswatini était de 2.6% dans les années 1980, se situant au 127ème rang mondial, à égalité avec la Zambie (2,6%). La croissance des services en Eswatini (2,6%) a été inférieure à celle du monde (3,3%), et inférieure à celle de l'Afrique (3,9%).

Chapitre IX. Services

Comparaison avec les voisins. La valeur ajoutée des services au Swaziland était inférieure à celle de l'Afrique du Sud (22,4 milliards de dollars) et du Mozambique (869,5 millions de dollars). Les services par habitant au Swaziland étaient supérieures à celles du Mozambique (69,7 de dollars); mais inférieures à celles de l'Afrique du Sud (695,4 de dollars). La croissance des services en Eswatini était supérieure à celle du Mozambique (-1,3%); mais inférieure à celle de l'Afrique du Sud (3,3%).

Comparaison avec les leaders. Les services de l'Eswatini étaient inférieures à celles des États-Unis (1,9 billions de dollars), du Japon (619,9 milliards de dollars), de l'Allemagne (362,2 milliards de dollars), de la France (294,5 milliards de dollars) et du Royaume-Uni (265,4 milliards de dollars). Les services par habitant en Eswatini étaient inférieures à celles des États-Unis (7 844,6 de dollars), de la France (5 211,0 de dollars), du Japon (5 111,4 de dollars), du Royaume-Uni (4 700,6 de dollars) et de l'Allemagne (4 642,6 de dollars). La croissance des services en Eswatini était supérieure à celle de la France (2,3%); mais inférieure à celle du Japon (4,8%), du Royaume-Uni (3,3%), de l'Allemagne (3,1%) et des États-Unis (2,8%).

Les années 1990

Le secteur des services en Eswatini était de 469,8 millions de dollars par an dans les années 1990, se situant au 151ème rang mondial à égalité avec d'Haïti (474,2 millions de dollars), le Rwanda (476,5 millions de dollars). La part dans le monde était de 0,0041% et de 0,30% en Afrique.

La part des services dans l'économie de l'Eswatini était de 29,3% dans les années 1990, se classant au 120ème rang mondial, à égalité avec les Salomon (29,2%), la Bolivie (29,5%), la Lituanie (29,1%).

Les services par habitant en Eswatini étaient de 514.1 dollars dans les années 1990, se situant au 111ème rang mondial, à égalité avec le Pérou (509,5 de dollars), l'Équateur (505,8 de dollars), l'Iran (504,4 de dollars). Les services par habitant en Eswatini étaient 3,9 fois inférieures les services par habitant au Monde (2 014,6 US$), et 2,4 fois supérieures les services par habitant en Afrique (217,8 US$).

La croissance des services au Swaziland était de 3.5% dans les années 1990, se situant au 79ème rang mondial, à égalité avec l'Islande (3,5%), les Salomon (3,5%). La croissance des services en Eswatini (3,5%) a été supérieure à celle du monde (2,7%), et supérieure à celle de l'Afrique (2,6%).

Comparaison avec les voisins. La valeur ajoutée des services au Swaziland était inférieure à celle de l'Afrique du Sud (48,2 milliards de dollars) et du Mozambique (657,5 millions de dollars). Les services par habitant en Eswatini étaient supérieures à celles du Mozambique (43,4 de dollars); mais inférieures à celles de l'Afrique du Sud (1 182,3 de dollars). La croissance des services au Swaziland était supérieure à celle du Mozambique (3,4%) et de l'Afrique du Sud (2,0%).

Comparaison avec les leaders. Le secteur des services en Eswatini était inférieur à celui des États-Unis (3,8 billions de dollars), du Japon (1,6 billions de dollars), de l'Allemagne (908,0 milliards de dollars), de la France (628,2 milliards de dollars) et du Royaume-Uni (592,3 milliards de dollars). Les services par habitant au Swaziland étaient inférieures à celles des États-Unis (14 354,4 de dollars), du Japon (12 820,4 de dollars), de l'Allemagne (11 259,5 de dollars), de la France (10 578,2 de dollars) et du Royaume-Uni (10 233,8 de dollars). La croissance des services au Swaziland était supérieure à celle de l'Allemagne (3,2%), du Royaume-Uni (3,0%), des États-Unis (2,3%), du Japon (1,7%) et de la France (1,6%).

Les années 2000

Les services de l'Eswatini étaient de 717,4 millions de dollars par an dans les années 2000, se situant au 160ème rang mondial. La part dans le monde était de 0,0037% et de 0,25% en Afrique.

La part des services dans l'économie du Swaziland était de 27,8% dans les années 2000, au 137ème rang mondial, à égalité avec les Samoa (27,7%), la Roumanie (27,7%), l'Est (27,5%).

Les services par habitant au Swaziland étaient de 696.3 dollars dans les années 2000, se situant au 125ème rang mondial, à égalité avec la Biélorussie (694,7 de dollars), le Cap-Vert (688,3 de dollars), le Guatemala (709,7 de dollars). Les services par habitant au Swaziland étaient 4,3 fois inférieures les services par habitant au Monde (3 011,2 US$), et 2,2 fois supérieures les services par habitant en Afrique (314,3 US$).

La croissance des services en Eswatini était de 5.8% dans les années 2000, se situant au 50ème rang mondial, à égalité avec d'Oman (5,7%), l'Indonésie (5,7%), le Zimbabwe (5,8%). La croissance des services en Eswatini (5,8%) a été supérieure à celle du monde (2,9%), et supérieure à celle de l'Afrique (5,1%).

Comparaison avec les voisins. La valeur des services au Swaziland était inférieure à celle de l'Afrique du Sud (82,4 milliards de dollars) et du Mozambique (1,9 milliards de dollars). Les services par habitant au Swaziland étaient supérieures à celles du Mozambique (95,8 de dollars); mais inférieures à celles de l'Afrique du Sud (1 730,4 de dollars). La croissance des services en Eswatini était supérieure à celle de l'Afrique du Sud (4,1%); mais inférieure à celle du Mozambique (7,9%).

Comparaison avec les leaders. La valeur ajoutée des services au Swaziland était inférieure à celle des États-Unis (6,7 billions de dollars), du Japon (2,0 billions de dollars), de l'Allemagne (1,2 billions de dollars), du Royaume-Uni (1,1 billions de dollars) et de la France (997,0 milliards de dollars). Les services par habitant en Eswatini étaient inférieures à celles des États-Unis (22 883,5 de dollars), du Royaume-Uni (18 012,4 de dollars), de la France (15 875,1 de dollars), du Japon (15 302,2 de dollars) et de l'Allemagne (14 979,9 de dollars). La croissance des services au Swaziland était supérieure à celle du Royaume-Uni (2,7%), des États-Unis (2,0%), de la France (1,5%), du Japon (1,2%) et de l'Allemagne (0,57%).

Les années 2010

La valeur ajoutée des services en Eswatini était de 1,4 milliards de dollars par an dans les années 2010, se situant au 164ème rang mondial à égalité avec d'Aruba (1,4 milliards de dollars), les Fidji (1,4 milliards de dollars), le Malawi (1,4 milliards de dollars). La part dans le monde était de 0,0043% et de 0,23% en Afrique.

La part des services dans l'économie de l'Eswatini était de 32,8% dans les années 2010, se situant au 121ème rang mondial, à égalité avec le Nicaragua (32,7%), la Turquie (32,8%), le Sénégal (32,9%).

Les services par habitant en Eswatini étaient de 1271.8 dollars dans les années 2010, se situant au 129ème rang mondial, à égalité avec la Mélanésie (1 281,5 de dollars). Les services par habitant en Eswatini étaient 3,5 fois inférieures les services par habitant au Monde (4 467,8 US$), et 2,4 fois supérieures les services par habitant en Afrique (528,2 US$).

La croissance des services en Eswatini était de 3.7% dans les années 2010, au 91ème rang mondial, à égalité avec la Namibie (3,7%), les Îles Marshall (3,7%), le Koweït (3,7%). La croissance des services en Eswatini (3,7%) a été supérieure à celle du monde (2,7%), et supérieure à celle de l'Afrique (3,4%).

Comparaison avec les voisins. Le secteur des services en Eswatini était 99,4 fois inférieur à celui de l'Afrique du Sud (139,3 milliards de dollars) et 2,4 fois inférieur à celui du Mozambique (3,4 milliards de dollars). Les services par habitant au Swaziland étaient 10,0 fois supérieures à celles du Mozambique (127,8 de dollars); mais 49,9% inférieures à celles de l'Afrique du Sud (2 537,1 de dollars). La croissance des services en Eswatini était supérieure à celle de l'Afrique du Sud (2,2%); mais inférieure à celle du Mozambique (6,8%).

Comparaison avec les leaders. La valeur ajoutée des services au Swaziland était 7 099,8 fois inférieure à celle des États-Unis (10,0 billions de dollars), 2 529,7 fois inférieure à celle de la Chine (3,5 billions de dollars), 1 621,4 fois inférieure à celle du Japon (2,3 billions de dollars), 1 146,4 fois inférieure à celle de l'Allemagne (1,6 billions de dollars) et 966,7 fois inférieure à celle du Royaume-Uni (1,4 billions de dollars). Les services par habitant au Swaziland étaient 24,5 fois inférieures à celles des États-Unis (31 159,6 de dollars), 16,2 fois inférieures à celles du Royaume-Uni (20 663,8 de dollars), 15,4 fois inférieures à celles de l'Allemagne (19 637,7 de dollars), 14,0 fois inférieures à celles du Japon (17 771,8 de dollars) et 49,7% inférieures à celles de la Chine (2 529,2 de dollars). La croissance des services en Eswatini était supérieure à celle des États-Unis (1,8%), du Royaume-Uni (1,7%), de l'Allemagne (1,2%) et du Japon (0,99%); mais inférieure à celle de la Chine (8,4%).

Partie III. Relations extérieures

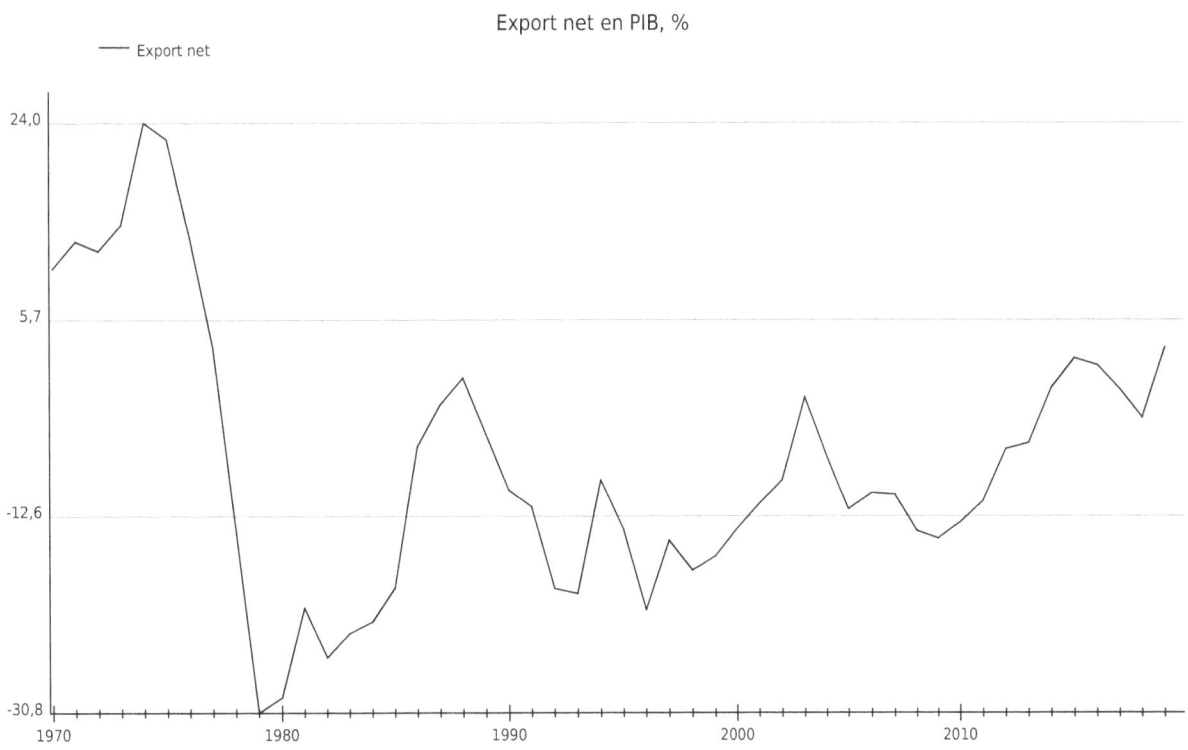

Chapitre X. Exportations

La valeur des exportations en Eswatini est passé de 263,0 millions de dollars par an dans les années 1970 à 1,9 milliards de dollars par an dans les années 2010, c'est-à-dire 1,6 milliards de dollars ou de 7,1 fois. La variation a été de 926,2 millions de dollars en raison de l'augmentation de 2,0 fois des prix, et de 355,1 millions de dollars en raison de la croissance du taux par habitant de 1,6 fois, et de 322,6 millions de dollars en raison de la croissance démographique. La croissance annuelle moyenne des exportations était de 3,5%. La valeur minimale était de 117,1 millions de dollars en 1970. La valeur maximale était de 2,1 milliards de dollars en 2019.

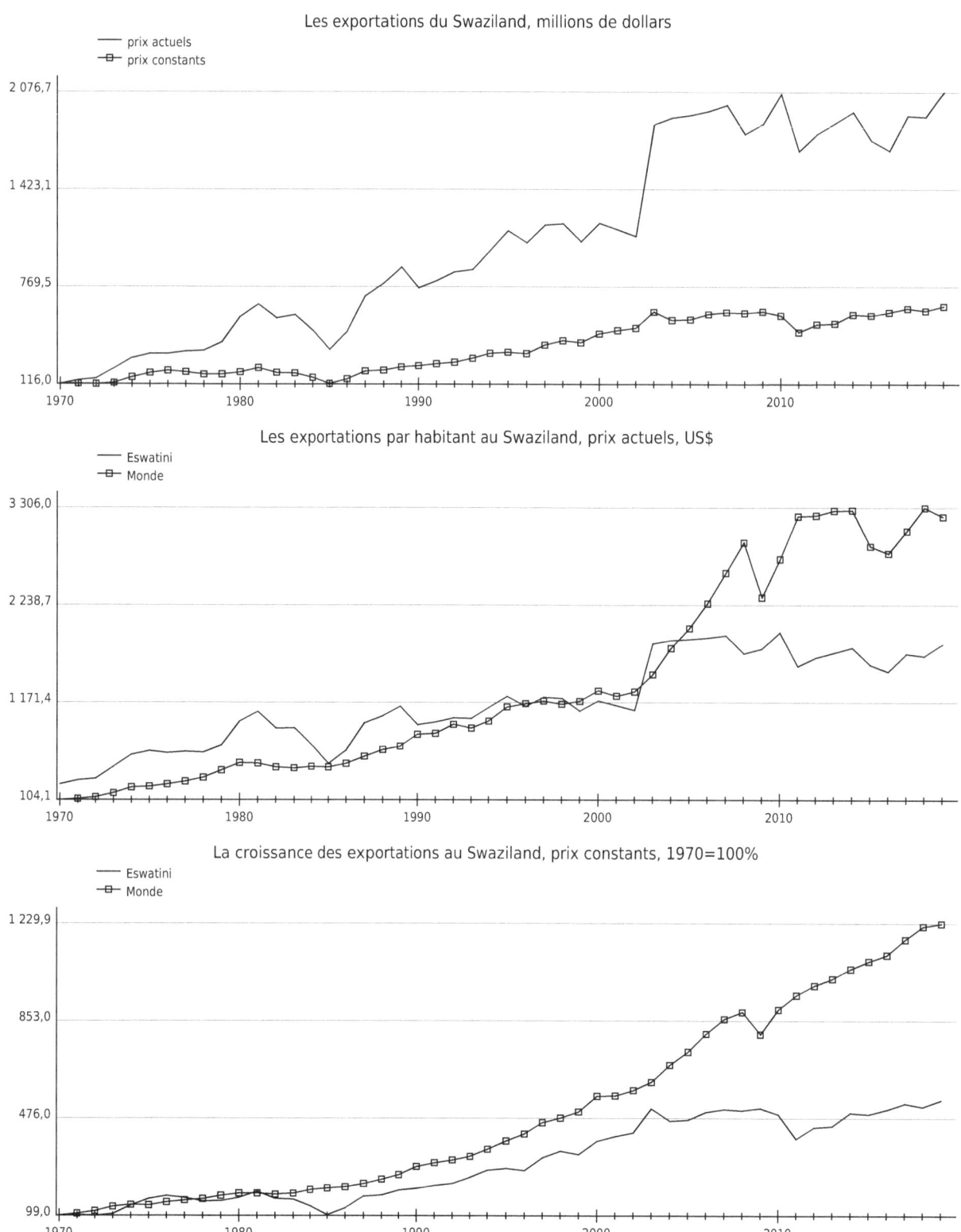

Chapitre X. Exportations

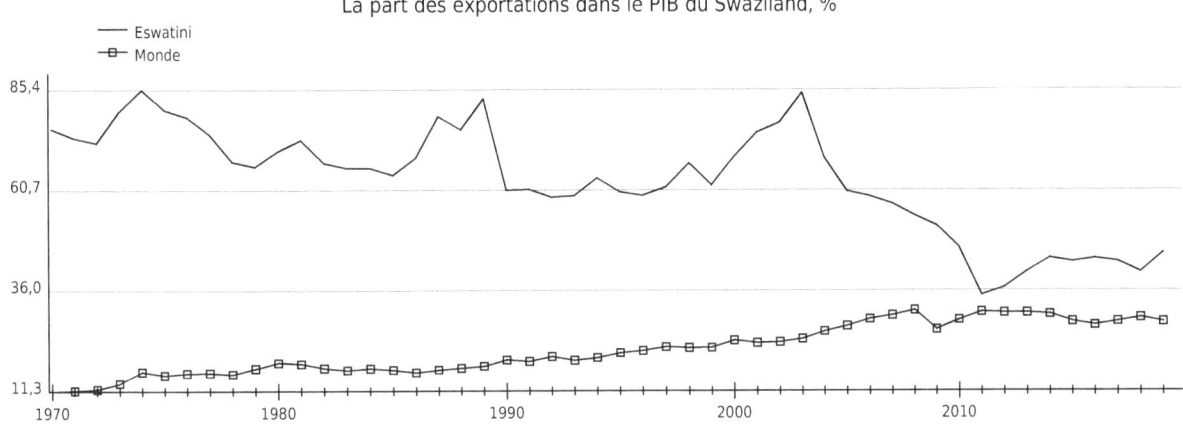

Les années 1970

Les exportations de l'Eswatini étaient de 263,0 millions de dollars par an dans les années 1970, se classant au 114ème rang mondial à égalité avec les Fidji (259,3 millions de dollars). La part dans le monde était de 0,027% et de 0,47% en Afrique.

La part des exportations dans le PIB du Swaziland était de 74,6% dans les années 1970, se situant au 15ème rang mondial.

Les exportations par habitant en Eswatini étaient de 531.2 dollars dans les années 1970, se situant au 61ème rang mondial, à égalité avec l'Europe du Sud (533,0 de dollars), les Caraïbes (526,2 de dollars). Les exportations par habitant au Swaziland étaient 2,2 fois supérieures les exportations par habitant au Monde (242,1 US$), et 3,9 fois supérieures les exportations par habitant en Afrique (137,0 US$).

La croissance des exportations en Eswatini était de 5% dans les années 1970, au 101ème rang mondial, à égalité avec l'Afrique centrale (5,0%), le Royaume-Uni (5,0%). La croissance des exportations en Eswatini (5,0%) a été inférieure à celle du monde (6,5%), et inférieure à celle de l'Afrique (5,7%).

Comparaison avec les voisins. La valeur des exportations en Eswatini était supérieure à celle du Mozambique (167,7 millions de dollars); mais inférieure à celle de l'Afrique du Sud (9,8 milliards de dollars). Les exportations par habitant au Swaziland étaient supérieures à celles de l'Afrique du Sud (391,6 de dollars) et du Mozambique (16,6 de dollars). La croissance des exportations au Swaziland était supérieure à celle du Mozambique (3,8%) et de l'Afrique du Sud (0,92%).

Comparaison avec les leaders. La valeur des exportations en Eswatini était inférieure à celle des États-Unis (128,0 milliards de dollars), de l'Allemagne (82,9 milliards de dollars), de la France (64,3 milliards de dollars), du Japon (64,1 milliards de dollars) et du Royaume-Uni (61,3 milliards de dollars). Les exportations par habitant en Eswatini étaient inférieures à celles de la France (1 199,1 de dollars), du Royaume-Uni (1 094,1 de dollars), de l'Allemagne (1 052,2 de dollars), des États-Unis (586,5 de dollars) et du Japon (575,8 de dollars). La croissance des exportations en Eswatini était inférieure à celle du Japon (8,6%), de la France (7,8%), des États-Unis (6,8%), de l'Allemagne (5,1%) et du Royaume-Uni (5,0%).

Les années 1980

Les exportations de l'Eswatini étaient de 604,0 millions de dollars par an dans les années 1980, se classant au 107ème rang mondial. La part dans le monde était de 0,024% et de 0,55% en Afrique.

La part des exportations dans le PIB de l'Eswatini était de 72,1% dans les années 1980, se situant au 12ème rang mondial, à égalité avec Bahreïn (71,5%).

Les exportations par habitant au Swaziland étaient de 875.8 dollars dans les années 1980, au 70ème rang mondial, à égalité avec les Amériques (890,9 de dollars), la Corée du Sud (898,1 de dollars). Les exportations par habitant en Eswatini étaient 65,3% supérieures les exportations par habitant au Monde (529,9 US$), et 4,3 fois supérieures les exportations par habitant en Afrique (201,4 US$).

La croissance des exportations au Swaziland était de 2.4% dans les années 1980, se classant au 123ème rang mondial, à égalité avec la Grenade (2,4%), l'Algérie (2,4%), l'Est (2,4%). La croissance des exportations en Eswatini (2,4%) a été inférieure à celle du monde (3,8%), et supérieure à celle de l'Afrique (-0,87%).

Comparaison avec les voisins. La valeur des exportations en Eswatini était supérieure à celle du Mozambique (194,5 millions de dollars); mais inférieure à celle de l'Afrique du Sud (23,0 milliards de dollars). Les exportations par habitant en Eswatini étaient supérieures à celles de l'Afrique du Sud (712,0 de dollars) et du Mozambique (15,6 de dollars). La croissance des exportations au Swaziland était supérieure à celle de l'Afrique du Sud (1,4%) et du Mozambique (0,18%).

Comparaison avec les leaders. Les exportations de l'Eswatini étaient inférieures à celles des États-Unis (338,6 milliards de dollars), du Japon (210,6 milliards de dollars), de l'Allemagne (208,1 milliards de dollars), de la France (155,9 milliards de dollars) et du Royaume-Uni (155,0 milliards de dollars). Les exportations par habitant au Swaziland étaient inférieures à celles de la France (2 757,6 de dollars), du Royaume-Uni (2 744,8 de dollars), de l'Allemagne (2 667,0 de dollars), du Japon (1 736,5 de dollars) et des États-Unis (1 413,8 de dollars). La croissance des exportations au Swaziland était inférieure à celle du Japon (6,7%), des États-Unis (5,7%), de l'Allemagne (4,7%), de la France (4,0%) et du Royaume-Uni (3,0%).

Les années 1990

Les exportations de l'Eswatini étaient de 998,7 millions de dollars par an dans les années 1990, au 129ème rang mondial à égalité avec la Bosnie-Herzégovine (990,1 millions de dollars), le Liechtenstein (1,0 milliards de dollars), la Barbade (1,0 milliards de dollars). La part dans le monde était de 0,017% et de 0,70% en Afrique.

La part des exportations dans le PIB de l'Eswatini était de 61,4% dans les années 1990, se classant au 24ème rang mondial, à égalité avec l'Angola (61,4%), la Belgique (61,1%).

Les exportations par habitant en Eswatini étaient de 1092.7 dollars dans les années 1990, se classant au 84ème rang mondial, à égalité avec le Suriname (1 098,6 de dollars), la Lettonie (1 098,6 de dollars). Les exportations par habitant en Eswatini étaient 6,1% supérieures les exportations par habitant au Monde (1 029,5 US$), et 5,4 fois supérieures les exportations par habitant en Afrique (202,1 US$).

La croissance des exportations en Eswatini était de 5.5% dans les années 1990, se classant au 96ème rang mondial, à égalité avec la Papouasie-Nouvelle-Guinée (5,4%), la Zambie (5,4%), le Maroc (5,5%). La croissance des exportations en Eswatini (5,5%) a été inférieure à celle du monde (6,9%), et supérieure à celle de l'Afrique (2,5%).

Comparaison avec les voisins. Les exportations de l'Eswatini étaient supérieures à celles du Mozambique (361,1 millions de dollars); mais inférieures à celles de l'Afrique du Sud (31,7 milliards de dollars). Les exportations par habitant en Eswatini étaient supérieures à celles de l'Afrique du Sud (776,1 de dollars) et du Mozambique (23,9 de dollars). La croissance des exportations en Eswatini était supérieure à celle de l'Afrique du Sud (4,4%); mais inférieure à celle du Mozambique (13,7%).

Comparaison avec les leaders. La valeur des exportations au Swaziland était inférieure à celle des États-Unis (773,6 milliards de dollars), de l'Allemagne (509,0 milliards de dollars), du Japon (418,7 milliards de dollars), de la France (329,8 milliards de dollars) et du Royaume-Uni (324,3 milliards de dollars). Les exportations par habitant au Swaziland étaient inférieures à celles de l'Allemagne (6 311,2 de dollars), du Royaume-Uni (5 602,2 de dollars), de la France (5 553,9 de dollars), du Japon (3 320,8 de dollars) et des États-Unis (2 925,3 de dollars). La croissance des exportations en Eswatini était supérieure à celle du Japon (4,2%); mais inférieure à celle des États-Unis (7,2%), de la France (6,5%), de l'Allemagne (6,0%) et du Royaume-Uni (5,7%).

Les années 2000

Les exportations de l'Eswatini étaient de 1,7 milliards de dollars par an dans les années 2000, au 138ème rang mondial à égalité avec Madagascar (1,7 milliards de dollars), Curaçao (1,6 milliards de dollars). La part dans le monde était de 0,013% et de 0,46% en Afrique.

La structure des exportations: produits primaires (5,6%), articles manufacturés provenant de ressources naturelles (55,6%), articles manufacturés à faible technologie (16,9%), articles manufacturés de technologie moyenne (17,3%), articles manufacturés à haute technologie (3,0%).

L'Eswatini a exporté des marchandises vers l'Afrique du Sud (33,3%), les États-Unis (9,1%), le Mozambique (4,8%), la Corée du Sud (4,4%), la Thaïlande (3,8%) et d'autres pays (44,7%).

La part des exportations dans le PIB du Swaziland était de 63,1% dans les années 2000, au 34ème rang mondial, à égalité avec Curaçao (62,9%), Trinité-et-Tobago (62,8%).

Les exportations par habitant en Eswatini étaient de 1622.2 dollars dans les années 2000, se classant au 97ème rang mondial, à égalité avec l'Uruguay (1 610,4 de dollars). Les exportations par habitant au Swaziland étaient 16,1% inférieures les exportations par habitant au Monde (1 933,7 US$), et 4,1 fois supérieures les exportations par habitant en Afrique (398,4 US$).

Chapitre X. Exportations

La croissance des exportations au Swaziland était de 4.3% dans les années 2000, se situant au 104ème rang mondial, à égalité avec la Namibie (4,3%), d'Israël (4,3%), la Birmanie (4,4%). La croissance des exportations au Swaziland (4,3%) a été inférieure à celle du monde (4,8%), et inférieure à celle de l'Afrique (5,3%).

Comparaison avec les voisins. Les exportations de l'Eswatini étaient inférieures à celles de l'Afrique du Sud (64,1 milliards de dollars) et du Mozambique (2,0 milliards de dollars). Les exportations par habitant en Eswatini étaient supérieures à celles de l'Afrique du Sud (1 345,2 de dollars) et du Mozambique (101,0 de dollars). La croissance des exportations au Swaziland était supérieure à celle de l'Afrique du Sud (2,0%); mais inférieure à celle du Mozambique (21,2%).

Comparaison avec les leaders. La valeur des exportations en Eswatini était inférieure à celle des États-Unis (1,3 billions de dollars), de l'Allemagne (1,0 billions de dollars), de la Chine (780,2 milliards de dollars), du Japon (626,3 milliards de dollars) et du Royaume-Uni (591,1 milliards de dollars). Les exportations par habitant en Eswatini étaient supérieures à celles de la Chine (588,1 de dollars); mais inférieures à celles de l'Allemagne (12 836,9 de dollars), du Royaume-Uni (9 780,7 de dollars), du Japon (4 886,4 de dollars) et des États-Unis (4 488,4 de dollars). La croissance des exportations au Swaziland était supérieure à celle du Japon (3,5%), des États-Unis (3,3%) et du Royaume-Uni (2,8%); mais inférieure à celle de la Chine (12,7%) et de l'Allemagne (5,0%).

Les années 2010

La valeur des exportations au Swaziland était de 1,9 milliards de dollars par an dans les années 2010, se classant au 160ème rang mondial à égalité avec la Barbade (1,8 milliards de dollars). La part dans le monde était de 0,0082% et de 0,30% en Afrique.

La structure des exportations: produits primaires (5,8%), articles manufacturés provenant de ressources naturelles (55,7%), articles manufacturés à faible technologie (11,0%), articles manufacturés de technologie moyenne (19,8%), articles manufacturés à haute technologie (2,8%).

L'Eswatini a exporté des marchandises vers l'Afrique du Sud (55,4%), le Nigeria (3,7%), les États-Unis (2,9%), l'Inde (2,3%), le Mozambique (2,2%) et d'autres pays (33,5%).

La part des exportations dans le PIB de l'Eswatini était de 41,6% dans les années 2010, se situant au 88ème rang mondial, à égalité avec l'Afrique centrale (41,6%), l'Est (41,6%), le Monténégro (41,6%).

Les exportations par habitant au Swaziland étaient de 1693.3 dollars dans les années 2010, au 118ème rang mondial, à égalité avec la Géorgie (1 680,0 de dollars), l'Asie centrale (1 711,9 de dollars), les Îles Marshall (1 666,8 de dollars). Les exportations par habitant en Eswatini étaient 45,4% inférieures les exportations par habitant au Monde (3 098,9 US$), et 3,2 fois supérieures les exportations par habitant en Afrique (534,3 US$).

La croissance des exportations au Swaziland était de 0.6% dans les années 2010, se situant au 182ème rang mondial. La croissance des exportations au Swaziland (0,60%) a été inférieure à celle du monde (4,4%), et supérieure à celle de l'Afrique (-1,2%).

Comparaison avec les voisins. La valeur des exportations au Swaziland était 57,9 fois inférieure à celle de l'Afrique du Sud (108,1 milliards de dollars) et 2,6 fois inférieure à celle du Mozambique (4,9 milliards de dollars). Les exportations par habitant au Swaziland étaient 9,2 fois supérieures à celles du Mozambique (184,1 de dollars); mais 13,9% inférieures à celles de l'Afrique du Sud (1 967,6 de dollars). La croissance des exportations en Eswatini était inférieure à celle du Mozambique (7,1%) et de l'Afrique du Sud (2,2%).

Comparaison avec les leaders. La valeur des exportations au Swaziland était 1 228,4 fois inférieure à celle de la Chine (2,3 billions de dollars), 1 215,8 fois inférieure à celle des États-Unis (2,3 billions de dollars), 901,6 fois inférieure à celle de l'Allemagne (1,7 billions de dollars), 460,4 fois inférieure à celle du Japon (859,4 milliards de dollars) et 436,6 fois inférieure à celle du Royaume-Uni (815,1 milliards de dollars). Les exportations par habitant en Eswatini étaient 3,5% supérieures à celles de la Chine (1 635,3 de dollars); mais 12,1 fois inférieures à celles de l'Allemagne (20 563,4 de dollars), 7,3 fois inférieures à celles du Royaume-Uni (12 425,4 de dollars), 4,2 fois inférieures à celles des États-Unis (7 104,2 de dollars) et 4,0 fois inférieures à celles du Japon (6 718,2 de dollars). La croissance des exportations en Eswatini était inférieure à celle de la Chine (6,8%), de l'Allemagne (4,7%), du Japon (4,6%), des États-Unis (3,7%) et du Royaume-Uni (3,1%).

Chapitre XI. Importations

Les importations de l'Eswatini sont passés de 253,8 millions de dollars par an dans les années 1970 à 2,0 milliards de dollars par an dans les années 2010, c'est-à-dire 1,8 milliards de dollars ou de 8,0 fois. La variation a été de 1,1 milliards de dollars en raison de l'augmentation de 2,1 fois des prix, et de 387,1 millions de dollars en raison de la croissance du taux par habitant de 1,7 fois, et de 311,2 millions de dollars en raison de la croissance démographique. La croissance annuelle moyenne des importations était de 3,8%. La valeur minimale était de 100,9 millions de dollars en 1970. La valeur maximale était de 2,6 milliards de dollars en 2010.

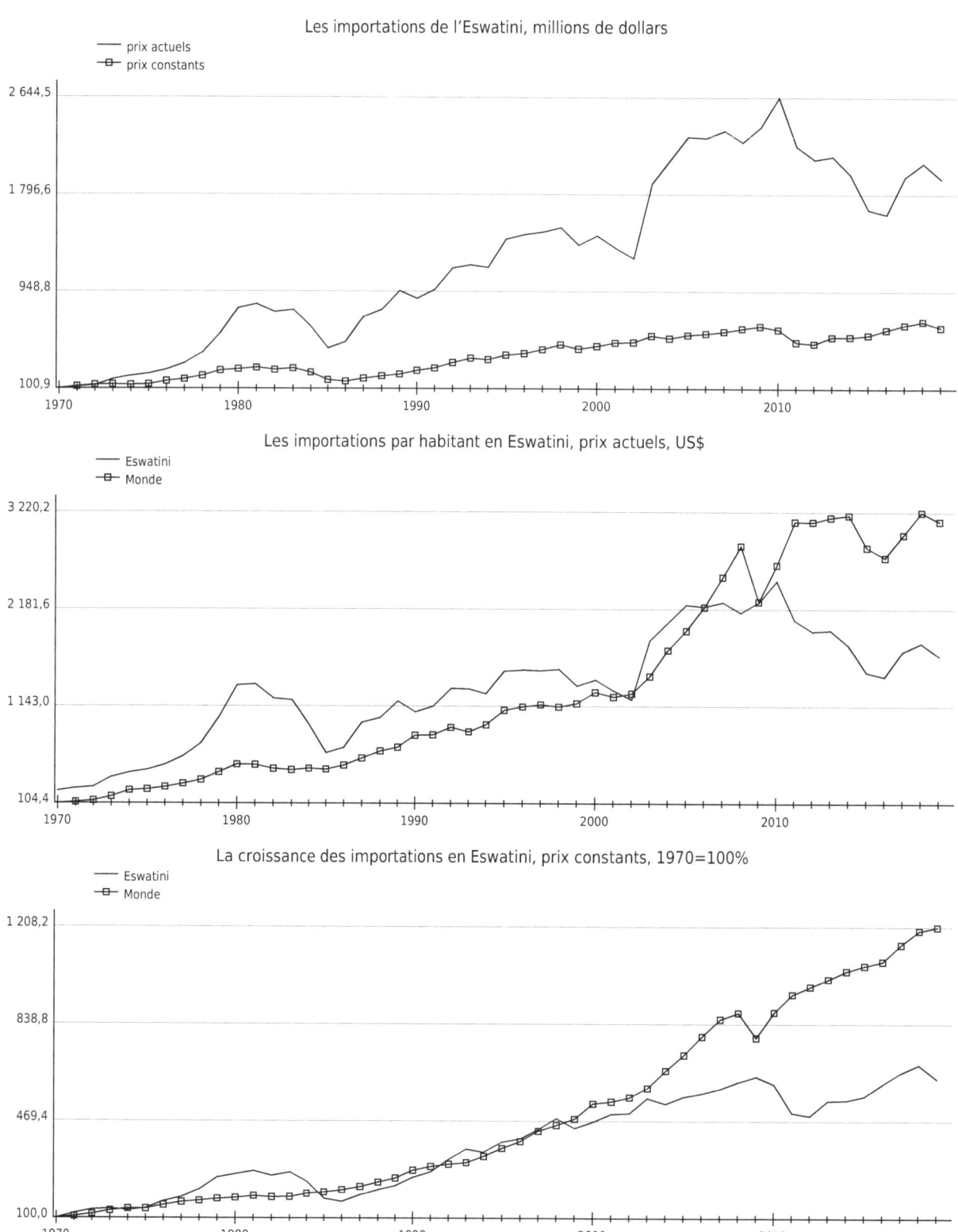

Chapitre XI. Importations

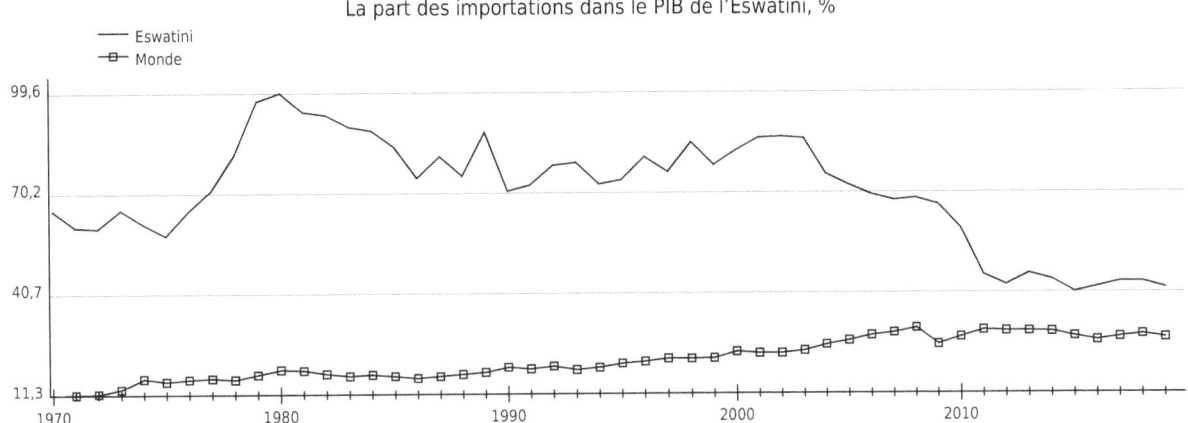

Les années 1970

La valeur des importations au Swaziland était de 253,8 millions de dollars par an dans les années 1970, se situant au 127ème rang mondial à égalité avec la Barbade (257,7 millions de dollars). La part dans le monde était de 0,026% et de 0,43% en Afrique.

La part des importations dans le PIB de l'Eswatini était de 72,0% dans les années 1970, se situant au 23ème rang mondial, à égalité avec la Jordanie (71,9%).

Les importations par habitant en Eswatini étaient de 512.5 dollars dans les années 1970, au 71ème rang mondial, à égalité avec la Jordanie (514,5 de dollars), le Portugal (504,8 de dollars), la Bulgarie (501,0 de dollars). Les importations par habitant au Swaziland étaient 2,1 fois supérieures les importations par habitant au Monde (244,3 US$), et 3,6 fois supérieures les importations par habitant en Afrique (142,6 US$).

La croissance des importations en Eswatini était de 11% dans les années 1970, au 30ème rang mondial, à égalité avec le Népal (11,0%), le Burkina Faso (11,0%), d'Oman (11,1%). La croissance des importations au Swaziland (11,0%) a été supérieure à celle du monde (6,3%), et supérieure à celle de l'Afrique (6,7%).

Comparaison avec les voisins. La valeur des importations en Eswatini était inférieure à celle de l'Afrique du Sud (8,8 milliards de dollars) et du Mozambique (1,0 milliards de dollars). Les importations par habitant au Swaziland étaient supérieures à celles de l'Afrique du Sud (355,5 de dollars) et du Mozambique (101,8 de dollars). La croissance des importations au Swaziland était supérieure à celle du Mozambique (3,8%) et de l'Afrique du Sud (-0,58%).

Comparaison avec les leaders. La valeur des importations en Eswatini était inférieure à celle des États-Unis (133,2 milliards de dollars), de l'Allemagne (92,5 milliards de dollars), de la France (63,3 milliards de dollars), du Royaume-Uni (62,4 milliards de dollars) et du Japon (61,0 milliards de dollars). Les importations par habitant au Swaziland étaient inférieures à celles de la France (1 181,1 de dollars), de l'Allemagne (1 175,1 de dollars), du Royaume-Uni (1 113,2 de dollars), des États-Unis (610,4 de dollars) et du Japon (547,6 de dollars). La croissance des importations en Eswatini était supérieure à celle de la France (7,2%), du Japon (7,0%), de l'Allemagne (5,6%), des États-Unis (5,1%) et du Royaume-Uni (4,5%).

Les années 1980

La valeur des importations en Eswatini était de 725,9 millions de dollars par an dans les années 1980, se classant au 110ème rang mondial à égalité avec le Botswana (740,9 millions de dollars). La part dans le monde était de 0,028% et de 0,64% en Afrique.

La part des importations dans le PIB de l'Eswatini était de 86,7% dans les années 1980, se classant au 14ème rang mondial, à égalité avec d'Aruba (85,9%).

Les importations par habitant au Swaziland étaient de 1052.5 dollars dans les années 1980, se classant au 72ème rang mondial. Les importations par habitant au Swaziland étaient 95,2% supérieures les importations par habitant au Monde (539,1 US$), et 5,1 fois supérieures les importations par habitant en Afrique (208,0 US$).

La croissance des importations en Eswatini était de -1.3% dans les années 1980, se situant au 158ème rang mondial, à égalité avec l'Angola (-1,3%). La croissance des importations en Eswatini (-1,3%) a été inférieure à celle du monde (3,8%), et supérieure à celle de l'Afrique (-3,1%).

Comparaison avec les voisins. Les importations du Swaziland étaient inférieures à celles de l'Afrique du Sud (18,9 milliards de dollars) et du Mozambique (1,2 milliards de dollars). Les importations par habitant en Eswatini étaient supérieures à celles de l'Afrique du Sud (586,5 de dollars) et du Mozambique (96,7 de dollars). La croissance des importations au Swaziland était inférieure à celle de l'Afrique du Sud (1,8%) et du Mozambique (0,13%).

Comparaison avec les leaders. La valeur des importations en Eswatini était inférieure à celle des États-Unis (417,2 milliards de dollars), de l'Allemagne (225,6 milliards de dollars), du Japon (175,9 milliards de dollars), de la France (162,0 milliards de dollars) et du Royaume-Uni (157,7 milliards de dollars). Les importations par habitant en Eswatini étaient inférieures à celles de l'Allemagne (2 891,9 de dollars), de la France (2 867,2 de dollars), du Royaume-Uni (2 793,0 de dollars), des États-Unis (1 742,4 de dollars) et du Japon (1 450,4 de dollars). La croissance des importations au Swaziland était inférieure à celle des États-Unis (5,8%), du Royaume-Uni (5,1%), du Japon (4,6%), de la France (4,3%) et de l'Allemagne (3,3%).

Les années 1990

La valeur des importations en Eswatini était de 1,3 milliards de dollars par an dans les années 1990, se classant au 131ème rang mondial à égalité avec la Polynésie (1,3 milliards de dollars). La part dans le monde était de 0,022% et de 0,84% en Afrique.

La part des importations dans le PIB de l'Eswatini était de 76,9% dans les années 1990, se classant au 19ème rang mondial, à égalité avec la Bosnie-Herzégovine (76,3%).

Les importations par habitant au Swaziland étaient de 1369.5 dollars dans les années 1990, se classant au 82ème rang mondial, à égalité avec le Botswana (1 387,1 de dollars). Les importations par habitant au Swaziland étaient 34,9% supérieures les importations par habitant au Monde (1 015,5 US$), et 6,5 fois supérieures les importations par habitant en Afrique (211,4 US$).

La croissance des importations en Eswatini était de 7.1% dans les années 1990, au 61ème rang mondial, à égalité avec le Sri Lanka (7,0%). La croissance des importations en Eswatini (7,1%) a été supérieure à celle du monde (6,6%), et supérieure à celle de l'Afrique (3,8%).

Comparaison avec les voisins. Les importations de l'Eswatini étaient inférieures à celles de l'Afrique du Sud (28,0 milliards de dollars) et du Mozambique (1,4 milliards de dollars). Les importations par habitant en Eswatini étaient supérieures à celles de l'Afrique du Sud (685,2 de dollars) et du Mozambique (95,1 de dollars). La croissance des importations en Eswatini était supérieure à celle de l'Afrique du Sud (4,6%) et du Mozambique (4,4%).

Comparaison avec les leaders. Les importations du Swaziland étaient inférieures à celles des États-Unis (874,1 milliards de dollars), de l'Allemagne (501,6 milliards de dollars), du Japon (355,9 milliards de dollars), du Royaume-Uni (330,2 milliards de dollars) et de la France (308,5 milliards de dollars). Les importations par habitant en Eswatini étaient inférieures à celles de l'Allemagne (6 220,3 de dollars), du Royaume-Uni (5 705,3 de dollars), de la France (5 194,4 de dollars), des États-Unis (3 305,6 de dollars) et du Japon (2 822,9 de dollars). La croissance des importations en Eswatini était supérieure à celle de l'Allemagne (6,4%), de la France (5,1%), du Royaume-Uni (5,1%) et du Japon (3,3%); mais inférieure à celle des États-Unis (8,3%).

Les années 2000

La valeur des importations en Eswatini était de 2,0 milliards de dollars par an dans les années 2000, se situant au 144ème rang mondial à égalité avec le Tadjikistan (2,0 milliards de dollars), la Polynésie française (2,0 milliards de dollars), le Kirghizistan (1,9 milliards de dollars). La part dans le monde était de 0,016% et de 0,58% en Afrique.

La structure des importations: produits primaires (12,9%), articles manufacturés provenant de ressources naturelles (32,0%), articles manufacturés à faible technologie (19,1%), articles manufacturés de technologie moyenne (26,6%), articles manufacturés à haute technologie (6,3%).

L'Eswatini a importé des marchandises en provenance la Corée du Sud (10,0%), les États-Unis (9,0%), Taiwan (8,5%), Hong Kong (7,5%), l'Inde (6,6%) et d'autres pays (58,4%).

La part des importations dans le PIB du Swaziland était de 73,8% dans les années 2000, se classant au 26ème rang mondial, à égalité avec la Slovaquie (74,3%).

Les importations par habitant au Swaziland étaient de 1897.8 dollars dans les années 2000, se situant au 100ème rang mondial, à égalité avec le Monde (1 899,9 de dollars), la Jordanie (1 910,3 de dollars), la Bosnie-Herzégovine (1 941,6 de dollars). Les importations par habitant au Swaziland étaient 0,11% inférieures les importations par habitant au Monde (1 899,9 US$), et 5,1 fois supérieures les

Chapitre XI. Importations

importations par habitant en Afrique (369,3 US$).

La croissance des importations au Swaziland était de 3.8% dans les années 2000, se situant au 124ème rang mondial, à égalité avec le Timor oriental (3,7%), l'Angola (3,8%), la Polynésie française (3,8%). La croissance des importations en Eswatini (3,8%) a été inférieure à celle du monde (5,1%), et inférieure à celle de l'Afrique (7,6%).

Comparaison avec les voisins. La valeur des importations en Eswatini était inférieure à celle de l'Afrique du Sud (63,6 milliards de dollars) et du Mozambique (3,2 milliards de dollars). Les importations par habitant en Eswatini étaient supérieures à celles de l'Afrique du Sud (1 335,8 de dollars) et du Mozambique (158,8 de dollars). La croissance des importations au Swaziland était inférieure à celle du Mozambique (10,2%) et de l'Afrique du Sud (5,4%).

Comparaison avec les leaders. Les importations du Swaziland étaient inférieures à celles des États-Unis (1,9 billions de dollars), de l'Allemagne (914,7 milliards de dollars), du Royaume-Uni (641,8 milliards de dollars), de la Chine (641,1 milliards de dollars) et du Japon (566,4 milliards de dollars). Les importations par habitant au Swaziland étaient supérieures à celles de la Chine (483,3 de dollars); mais inférieures à celles de l'Allemagne (11 237,8 de dollars), du Royaume-Uni (10 620,4 de dollars), des États-Unis (6 400,9 de dollars) et du Japon (4 418,9 de dollars). La croissance des importations en Eswatini était supérieure à celle de l'Allemagne (3,7%), du Royaume-Uni (3,1%), des États-Unis (2,8%) et du Japon (1,8%); mais inférieure à celle de la Chine (15,1%).

Les années 2010

Les importations du Swaziland étaient de 2,0 milliards de dollars par an dans les années 2010, au 168ème rang mondial à égalité avec Monaco (2,0 milliards de dollars), les Îles Caïmans (2,1 milliards de dollars). La part dans le monde était de 0,0092% et de 0,29% en Afrique.

La structure des importations: produits primaires (15,0%), articles manufacturés provenant de ressources naturelles (30,4%), articles manufacturés à faible technologie (18,4%), articles manufacturés de technologie moyenne (24,8%), articles manufacturés à haute technologie (7,0%).

L'Eswatini a importé des marchandises en provenance l'Afrique du Sud (74,1%), le Mozambique (3,1%), l'Inde (2,2%), le Ghana (1,9%), la Chine (1,6%) et d'autres pays (17,1%).

La part des importations dans le PIB du Swaziland était de 45,3% dans les années 2010, se classant au 105ème rang mondial, à égalité avec la Croatie (45,1%), la Barbade (45,6%), l'Europe de l'Ouest (44,9%).

Les importations par habitant en Eswatini étaient de 1840.5 dollars dans les années 2010, au 128ème rang mondial, à égalité avec la Mélanésie (1 835,8 de dollars), l'Arménie (1 848,0 de dollars), le Paraguay (1 849,2 de dollars). Les importations par habitant en Eswatini étaient 39,0% inférieures les importations par habitant au Monde (3 015,6 US$), et 3,1 fois supérieures les importations par habitant en Afrique (592,1 US$).

La croissance des importations au Swaziland était de -0.1% dans les années 2010, se situant au 194ème rang mondial. La croissance des importations en Eswatini (-0,12%) a été inférieure à celle du monde (4,4%), et inférieure à celle de l'Afrique (2,0%).

Comparaison avec les voisins. La valeur des importations au Swaziland était 53,6 fois inférieure à celle de l'Afrique du Sud (108,7 milliards de dollars) et 5,0 fois inférieure à celle du Mozambique (10,1 milliards de dollars). Les importations par habitant au Swaziland étaient 4,9 fois supérieures à celles du Mozambique (379,0 de dollars); mais 7,0% inférieures à celles de l'Afrique du Sud (1 979,5 de dollars). La croissance des importations au Swaziland était inférieure à celle du Mozambique (11,5%) et de l'Afrique du Sud (3,6%).

Comparaison avec les leaders. La valeur des importations au Swaziland était 1 388,3 fois inférieure à celle des États-Unis (2,8 billions de dollars), 1 019,6 fois inférieure à celle de la Chine (2,1 billions de dollars), 716,9 fois inférieure à celle de l'Allemagne (1,5 billions de dollars), 432,6 fois inférieure à celle du Japon (877,9 milliards de dollars) et 421,2 fois inférieure à celle du Royaume-Uni (854,8 milliards de dollars). Les importations par habitant au Swaziland étaient 24,8% supérieures à celles de la Chine (1 475,4 de dollars); mais 9,7 fois inférieures à celles de l'Allemagne (17 771,2 de dollars), 7,1 fois inférieures à celles du Royaume-Uni (13 030,6 de dollars), 4,8 fois inférieures à celles des États-Unis (8 817,8 de dollars) et 3,7 fois inférieures à celles du Japon (6 862,7 de dollars). La croissance des importations au Swaziland était inférieure à celle de la Chine (8,2%), de l'Allemagne (4,8%), des États-Unis (4,4%), du Japon (3,8%) et du Royaume-Uni (3,6%).

Partie IV. Consommation

Chapitre XII. Dépenses publiques

Dépenses de consommation des administrations publiques

Les dépense de consommation publique du Swaziland sont passés de 64,7 millions de dollars par an dans les années 1970 à 955,0 millions de dollars par an dans les années 2010, c'est-à-dire 890,2 millions de dollars ou de 14,8 fois. La variation a été de 362,5 millions de dollars en raison de l'augmentation de 1,6 fois des prix, et de 448,4 millions de dollars en raison de la croissance du taux par habitant de 4,1 fois, et de 79,4 millions de dollars en raison de la croissance démographique. La croissance annuelle moyenne des dépenses publiques était de 6,2%. La valeur minimale était de 21,4 millions de dollars en 1970. La valeur maximale était de 1,1 milliards de dollars en 2017.

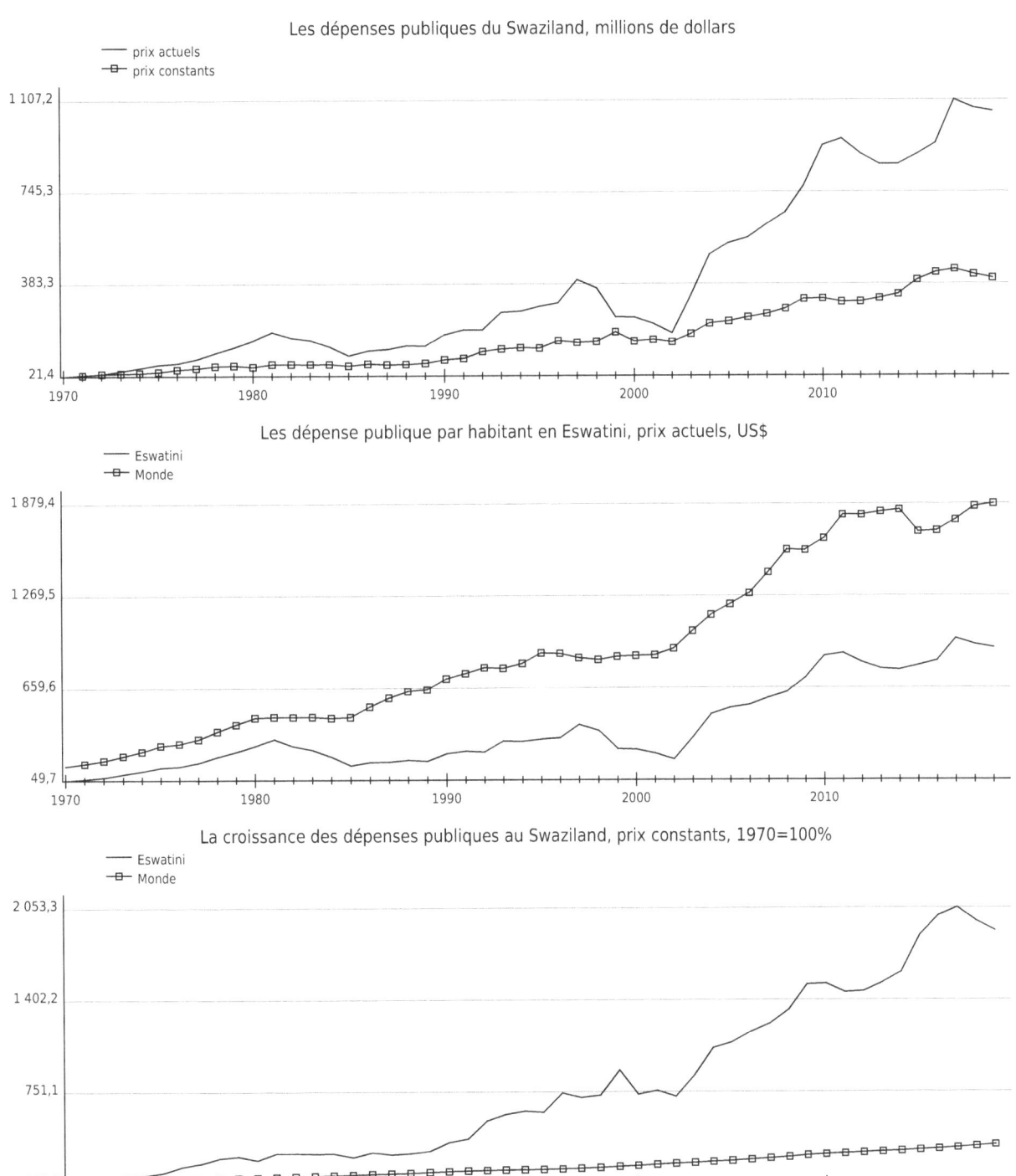

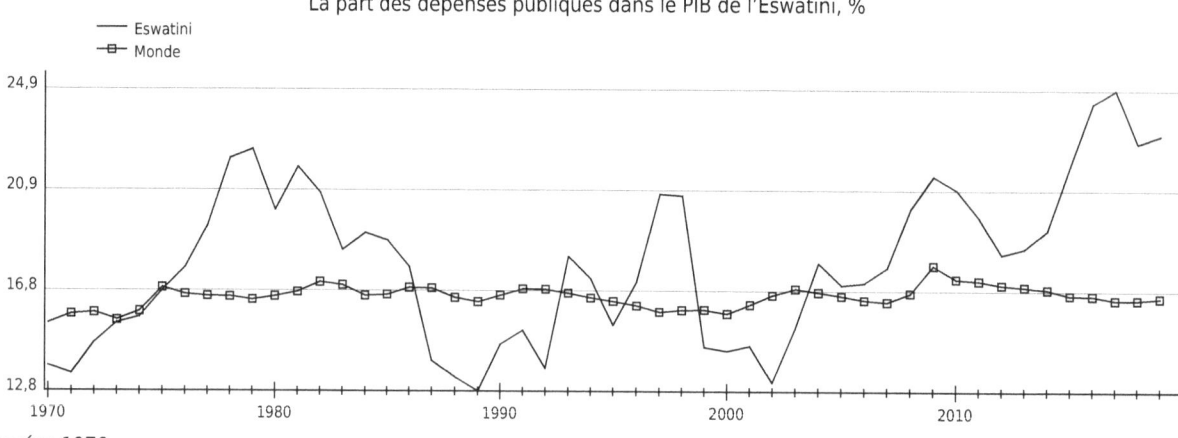

Les années 1970

Les dépense de consommation publique du Swaziland étaient de 64,7 millions de dollars par an dans les années 1970, se situant au 139ème rang mondial à égalité avec la Mongolie (66,3 millions de dollars). La part dans le monde était de 0,0060% et de 0,20% en Afrique.

La part des dépenses publiques dans le PIB de l'Eswatini était de 18,4% dans les années 1970, se classant au 65ème rang mondial, à égalité avec la Norvège (18,4%), l'Europe (18,4%), la Mongolie (18,3%).

Les dépense publique par habitant en Eswatini étaient de 130.7 dollars dans les années 1970, au 98ème rang mondial, à égalité avec le Mexique (129,7 de dollars), la Gambie (132,4 de dollars), Saint-Christophe-et-Niévès (128,3 de dollars). Les dépense publique par habitant au Swaziland étaient 2,0 fois inférieures les dépenses publiques par habitant au Monde (265,2 US$), et 69,6% supérieures les dépense publique par habitant en Afrique (77,1 US$).

La croissance des dépenses publiques en Eswatini était de 12.6% dans les années 1970, se classant au 11ème rang mondial. La croissance des dépenses publiques en Eswatini (12,6%) a été supérieure à celle du monde (3,7%), et supérieure à celle de l'Afrique (4,9%).

Comparaison avec les voisins. Les dépenses publiques du Swaziland étaient inférieures à celles de l'Afrique du Sud (5,0 milliards de dollars) et du Mozambique (978,5 millions de dollars). Les dépenses publiques par habitant au Swaziland étaient supérieures à celles du Mozambique (96,9 de dollars); mais inférieures à celles de l'Afrique du Sud (201,6 de dollars). La croissance des dépenses publiques au Swaziland était supérieure à celle de l'Afrique du Sud (5,1%) et du Mozambique (4,2%).

Comparaison avec les leaders. Les dépense de consommation publique de l'Eswatini étaient inférieures à celles des États-Unis (285,9 milliards de dollars), de l'URSS (117,3 milliards de dollars), de l'Allemagne (95,6 milliards de dollars), du Japon (78,0 milliards de dollars) et de la France (64,5 milliards de dollars). Les dépense de consommation publique par habitant au Swaziland étaient inférieures à celles des États-Unis (1 310,2 de dollars), de l'Allemagne (1 213,7 de dollars), de la France (1 202,3 de dollars), du Japon (700,2 de dollars) et de l'URSS (465,0 de dollars). La croissance des dépenses publiques en Eswatini était supérieure à celle de l'URSS (7,2%), du Japon (5,3%), de la France (5,0%), de l'Allemagne (4,4%) et des États-Unis (0,94%).

Les années 1980

Les dépense publique du Swaziland étaient de 145,5 millions de dollars par an dans les années 1980, se classant au 140ème rang mondial à égalité avec le Lesotho (144,6 millions de dollars), le Guyana (143,5 millions de dollars). La part dans le monde était de 0,0058% et de 0,21% en Afrique.

La part des dépenses publiques dans le PIB du Swaziland était de 17,4% dans les années 1980, se classant au 89ème rang mondial, à égalité avec le Sénégal (17,3%), le Mali (17,5%), l'Afrique australe (17,5%).

Les dépense de consommation publique par habitant au Swaziland étaient de 211 dollars dans les années 1980, se situant au 110ème rang mondial, à égalité avec le Nicaragua (206,7 de dollars), l'Amérique centrale (215,8 de dollars). Les dépense de consommation publique par habitant au Swaziland étaient 2,5 fois inférieures les dépense publique par habitant au Monde (523,5 US$), et 64,5% supérieures les dépense de consommation publique par habitant en Afrique (128,3 US$).

La croissance des dépenses publiques en Eswatini était de 1.2% dans les années 1980, se classant au 142ème rang mondial, à égalité

Chapitre XII. Dépenses publiques

avec la Belgique (1,3%). La croissance des dépenses publiques en Eswatini (1,2%) a été inférieure à celle du monde (2,7%), et inférieure à celle de l'Afrique (1,8%).

Comparaison avec les voisins. Les dépenses publiques de l'Eswatini étaient inférieures à celles de l'Afrique du Sud (14,3 milliards de dollars) et du Mozambique (887,0 millions de dollars). Les dépenses publiques par habitant au Swaziland étaient supérieures à celles du Mozambique (71,1 de dollars); mais inférieures à celles de l'Afrique du Sud (442,8 de dollars). La croissance des dépenses publiques en Eswatini était supérieure à celle du Mozambique (-0,12%); mais inférieure à celle de l'Afrique du Sud (4,1%).

Comparaison avec les leaders. Les dépense publique du Swaziland étaient inférieures à celles des États-Unis (665,3 milliards de dollars), du Japon (257,4 milliards de dollars), de l'Allemagne (203,7 milliards de dollars), de l'URSS (181,1 milliards de dollars) et de la France (159,8 milliards de dollars). Les dépenses publiques par habitant en Eswatini étaient inférieures à celles de la France (2 826,9 de dollars), des États-Unis (2 778,2 de dollars), de l'Allemagne (2 611,1 de dollars), du Japon (2 122,5 de dollars) et de l'URSS (658,0 de dollars). La croissance des dépenses publiques en Eswatini était supérieure à celle de l'Allemagne (0,98%); mais inférieure à celle de l'URSS (5,4%), du Japon (3,5%), de la France (2,8%) et des États-Unis (2,6%).

Les années 1990

Les dépense de consommation publique de l'Eswatini étaient de 275,8 millions de dollars par an dans les années 1990, se situant au 153ème rang mondial à égalité avec le Liechtenstein (278,4 millions de dollars), la République centrafricaine (270,9 millions de dollars), le Tadjikistan (282,3 millions de dollars). La part dans le monde était de 0,0059% et de 0,31% en Afrique.

La part des dépenses publiques dans le PIB du Swaziland était de 17,0% dans les années 1990, au 99ème rang mondial, à égalité avec le Liban (16,9%), les Fidji (17,0%), l'Algérie (16,9%).

Les dépenses publiques par habitant au Swaziland étaient de 301.8 dollars dans les années 1990, au 112ème rang mondial, à égalité avec la Jordanie (297,4 de dollars), la Jamaïque (306,4 de dollars), la Colombie (294,5 de dollars). Les dépense publique par habitant en Eswatini étaient 2,7 fois inférieures les dépense de consommation publique par habitant au Monde (824,8 US$), et 2,4 fois supérieures les dépense de consommation publique par habitant en Afrique (126,1 US$).

La croissance des dépenses publiques en Eswatini était de 10.6% dans les années 1990, au 7ème rang mondial. La croissance des dépenses publiques au Swaziland (10,6%) a été supérieure à celle du monde (2,0%), et supérieure à celle de l'Afrique (1,6%).

Comparaison avec les voisins. Les dépense publique du Swaziland étaient inférieures à celles de l'Afrique du Sud (26,8 milliards de dollars) et du Mozambique (592,1 millions de dollars). Les dépenses publiques par habitant en Eswatini étaient supérieures à celles du Mozambique (39,1 de dollars); mais inférieures à celles de l'Afrique du Sud (656,1 de dollars). La croissance des dépenses publiques au Swaziland était supérieure à celle du Mozambique (2,8%) et de l'Afrique du Sud (0,61%).

Comparaison avec les leaders. Les dépense publique du Swaziland étaient inférieures à celles des États-Unis (1,1 billions de dollars), du Japon (651,8 milliards de dollars), de l'Allemagne (419,6 milliards de dollars), de la France (325,4 milliards de dollars) et du Royaume-Uni (234,6 milliards de dollars). Les dépense publique par habitant au Swaziland étaient inférieures à celles de la France (5 479,6 de dollars), de l'Allemagne (5 203,8 de dollars), du Japon (5 169,1 de dollars), des États-Unis (4 287,3 de dollars) et du Royaume-Uni (4 053,6 de dollars). La croissance des dépenses publiques au Swaziland était supérieure à celle du Japon (3,0%), de l'Allemagne (2,4%), du Royaume-Uni (2,1%), de la France (1,8%) et des États-Unis (1,3%).

Les années 2000

Les dépense de consommation publique du Swaziland étaient de 465,5 millions de dollars par an dans les années 2000, se classant au 155ème rang mondial à égalité avec le Lesotho (467,3 millions de dollars), le Malawi (462,9 millions de dollars), le Rwanda (469,9 millions de dollars). La part dans le monde était de 0,0060% et de 0,31% en Afrique.

La part des dépenses publiques dans le PIB du Swaziland était de 17,6% dans les années 2000, se classant au 77ème rang mondial, à égalité avec l'Australie (17,6%), l'Australasie (17,6%), l'Ukraine (17,7%).

Les dépenses publiques par habitant au Swaziland étaient de 451.8 dollars dans les années 2000, se classant au 121ème rang mondial, à égalité avec le Kazakhstan (454,3 de dollars), le Kosovo (458,0 de dollars), les Tonga (460,1 de dollars). Les dépense de consommation publique par habitant en Eswatini étaient 2,7 fois inférieures les dépense publique par habitant au Monde (1 200,9 US$), et 2,7 fois supérieures les dépense publique par habitant en Afrique (164,8 US$).

La croissance des dépenses publiques en Eswatini était de 5.3% dans les années 2000, se situant au 63ème rang mondial, à égalité avec le Turkménistan (5,2%), les Bermudes (5,2%), l'Asie (5,3%). La croissance des dépenses publiques au Swaziland (5,3%) a été supérieure à celle du monde (3,1%), et supérieure à celle de l'Afrique (5,0%).

Comparaison avec les voisins. Les dépense publique du Swaziland étaient inférieures à celles de l'Afrique du Sud (41,1 milliards de dollars) et du Mozambique (1,4 milliards de dollars). Les dépense publique par habitant en Eswatini étaient supérieures à celles du Mozambique (68,0 de dollars); mais inférieures à celles de l'Afrique du Sud (863,0 de dollars). La croissance des dépenses publiques au Swaziland était supérieure à celle de l'Afrique du Sud (4,6%); mais inférieure à celle du Mozambique (10,7%).

Comparaison avec les leaders. Les dépense de consommation publique de l'Eswatini étaient inférieures à celles des États-Unis (1,9 billions de dollars), du Japon (844,2 milliards de dollars), de l'Allemagne (520,1 milliards de dollars), de la France (479,9 milliards de dollars) et du Royaume-Uni (453,4 milliards de dollars). Les dépenses publiques par habitant en Eswatini étaient inférieures à celles de la France (7 640,9 de dollars), du Royaume-Uni (7 501,5 de dollars), du Japon (6 586,4 de dollars), des États-Unis (6 545,9 de dollars) et de l'Allemagne (6 389,7 de dollars). La croissance des dépenses publiques au Swaziland était supérieure à celle du Royaume-Uni (2,9%), des États-Unis (2,2%), du Japon (1,7%), de la France (1,7%) et de l'Allemagne (1,4%).

Les années 2010

Les dépense de consommation publique de l'Eswatini étaient de 955,0 millions de dollars par an dans les années 2010, se classant au 154ème rang mondial à égalité avec le Cambodge (973,7 millions de dollars). La part dans le monde était de 0,0073% et de 0,29% en Afrique.

La part des dépenses publiques dans le PIB du Swaziland était de 21,3% dans les années 2010, se situant au 39ème rang mondial, à égalité avec la Papouasie-Nouvelle-Guinée (21,2%).

Les dépense publique par habitant en Eswatini étaient de 866.2 dollars dans les années 2010, se situant au 117ème rang mondial, à égalité avec la Macédoine du Nord (870,4 de dollars), les Tonga (854,6 de dollars). Les dépense publique par habitant au Swaziland étaient 2,1 fois inférieures les dépenses publiques par habitant au Monde (1 785,1 US$), et 3,1 fois supérieures les dépense de consommation publique par habitant en Afrique (281,0 US$).

La croissance des dépenses publiques au Swaziland était de 2.3% dans les années 2010, se classant au 110ème rang mondial, à égalité avec le Monde (2,3%), l'Afrique centrale (2,3%). La croissance des dépenses publiques au Swaziland (2,3%) a été supérieure à celle du monde (2,3%), et inférieure à celle de l'Afrique (3,0%).

Comparaison avec les voisins. Les dépenses publiques de l'Eswatini étaient 77,4 fois inférieures à celles de l'Afrique du Sud (74,0 milliards de dollars) et 3,5 fois inférieures à celles du Mozambique (3,4 milliards de dollars). Les dépense de consommation publique par habitant au Swaziland étaient 6,9 fois supérieures à celles du Mozambique (126,4 de dollars); mais 35,7% inférieures à celles de l'Afrique du Sud (1 346,6 de dollars). La croissance des dépenses publiques en Eswatini était supérieure à celle de l'Afrique du Sud (1,9%); mais inférieure à celle du Mozambique (10,9%).

Comparaison avec les leaders. Les dépense de consommation publique de l'Eswatini étaient 2 778,5 fois inférieures à celles des États-Unis (2,7 billions de dollars), 1 758,3 fois inférieures à celles de la Chine (1,7 billions de dollars), 1 092,2 fois inférieures à celles du Japon (1,0 billions de dollars), 755,6 fois inférieures à celles de l'Allemagne (721,6 milliards de dollars) et 668,0 fois inférieures à celles de la France (637,9 milliards de dollars). Les dépense publique par habitant en Eswatini étaient 11,1 fois inférieures à celles de la France (9 617,6 de dollars), 10,2 fois inférieures à celles de l'Allemagne (8 815,0 de dollars), 9,6 fois inférieures à celles des États-Unis (8 304,9 de dollars), 9,4 fois inférieures à celles du Japon (8 152,8 de dollars) et 27,7% inférieures à celles de la Chine (1 197,3 de dollars). La croissance des dépenses publiques au Swaziland était supérieure à celle de l'Allemagne (1,9%), du Japon (1,3%), de la France (1,3%) et des États-Unis (0,0052%); mais inférieure à celle de la Chine (8,3%).

Chapitre XIII. Dépenses ménagères

Dépenses de consommation des ménages

Les dépenses ménagères de l'Eswatini sont passés de 186,7 millions de dollars par an dans les années 1970 à 3,1 milliards de dollars par an dans les années 2010, c'est-à-dire 2,9 milliards de dollars ou de 16,8 fois. La variation a été de 1,0 milliards de dollars en raison de l'augmentation de 1,5 fois des prix, et de 1,7 milliards de dollars en raison de la croissance du taux par habitant de 5,0 fois, et de 229,0 millions de dollars en raison de la croissance démographique. La croissance annuelle moyenne des dépenses ménagères était de 6,0%. La valeur minimale était de 82,8 millions de dollars en 1970. La valeur maximale était de 3,8 milliards de dollars en 2011.

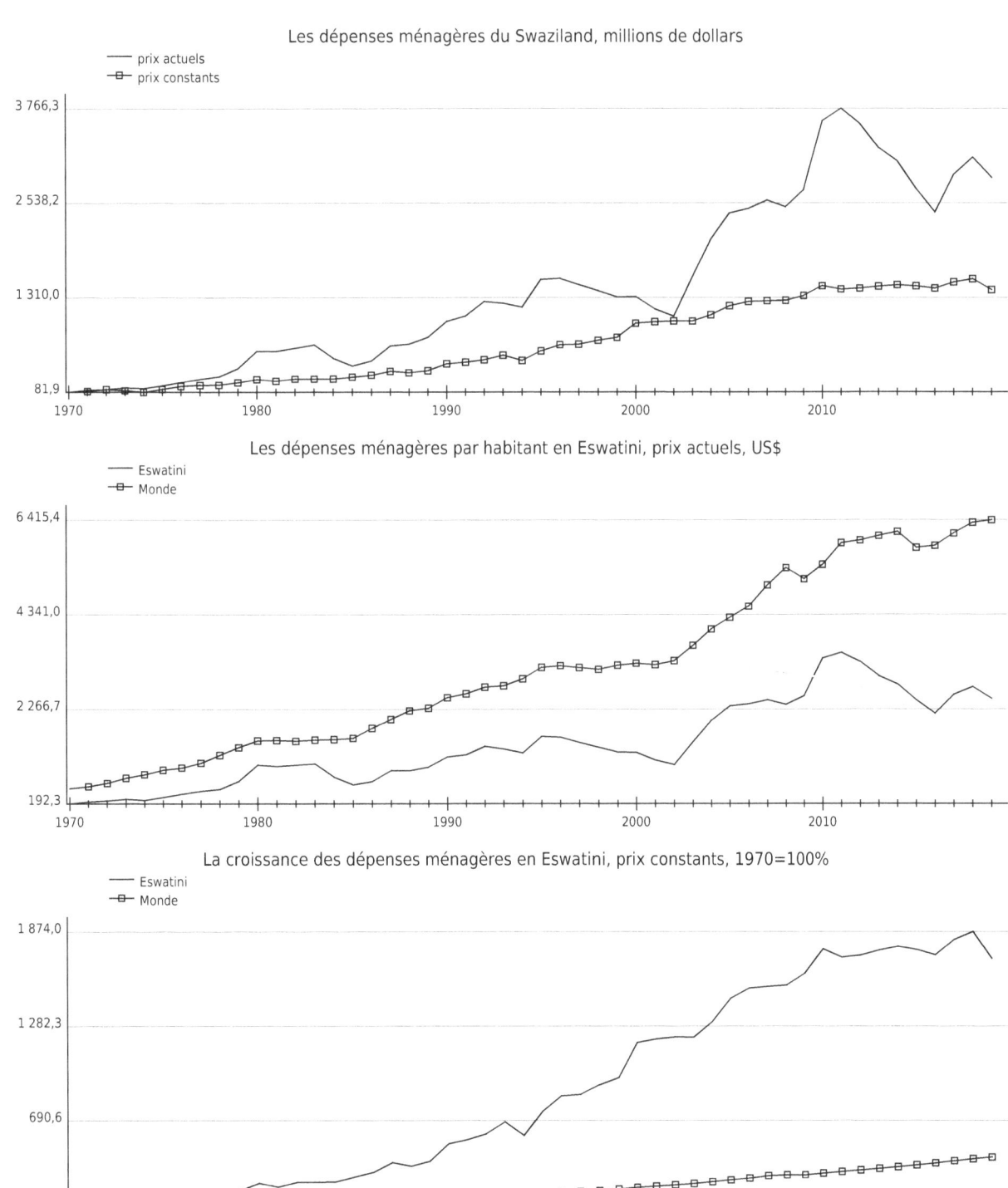

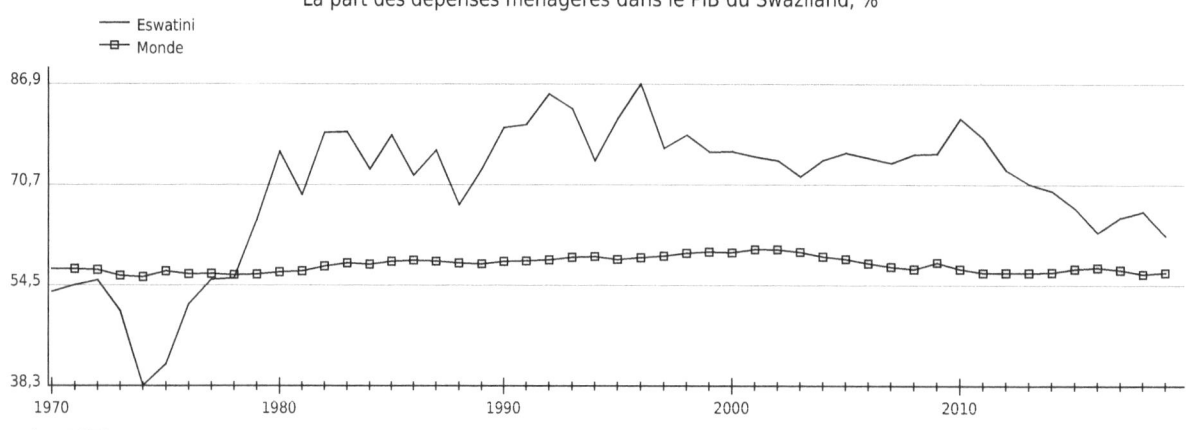

Les années 1970

Les dépenses ménagères du Swaziland étaient de 186,7 millions de dollars par an dans les années 1970, au 145ème rang mondial. La part dans le monde était de 0,0051% et de 0,17% en Afrique.

La part des dépenses ménagères dans le PIB du Swaziland était de 53,0% dans les années 1970, se classant au 144ème rang mondial, à égalité avec la Nouvelle-Calédonie (52,9%), la Belgique (52,7%), la Finlande (53,2%).

Les dépenses ménagères par habitant au Swaziland étaient de 377 dollars dans les années 1970, se situant au 120ème rang mondial, à égalité avec d'Anguilla (383,4 de dollars), la Papouasie-Nouvelle-Guinée (368,4 de dollars). Les dépenses ménagères par habitant en Eswatini étaient 2,4 fois inférieures les dépenses ménagères par habitant au Monde (914,8 US$), et 39,1% supérieures les dépenses ménagères par habitant en Afrique (271,0 US$).

La croissance des dépenses ménagères au Swaziland était de 10.7% dans les années 1970, se classant au 5ème rang mondial, à égalité avec les Îles Turks-et-Caïcos (10,6%). La croissance des dépenses ménagères au Swaziland (10,7%) a été supérieure à celle du monde (4,1%), et supérieure à celle de l'Afrique (4,1%).

Comparaison avec les voisins. Les dépenses ménagères du Swaziland étaient inférieures à celles de l'Afrique du Sud (19,2 milliards de dollars) et du Mozambique (4,6 milliards de dollars). Les dépenses ménagères par habitant au Swaziland étaient inférieures à celles de l'Afrique du Sud (772,4 de dollars) et du Mozambique (458,6 de dollars). La croissance des dépenses ménagères en Eswatini était supérieure à celle du Mozambique (3,9%) et de l'Afrique du Sud (3,3%).

Comparaison avec les leaders. Les dépenses ménagères du Swaziland étaient inférieures à celles des États-Unis (1,0 billions de dollars), de l'URSS (310,6 milliards de dollars), du Japon (280,9 milliards de dollars), de l'Allemagne (277,8 milliards de dollars) et de la France (180,7 milliards de dollars). Les dépenses ménagères par habitant au Swaziland étaient inférieures à celles des États-Unis (4 744,5 de dollars), de l'Allemagne (3 527,2 de dollars), de la France (3 371,0 de dollars), du Japon (2 523,0 de dollars) et de l'URSS (1 231,6 de dollars). La croissance des dépenses ménagères au Swaziland était supérieure à celle du Japon (5,1%), de l'URSS (4,7%), de la France (4,0%), des États-Unis (3,6%) et de l'Allemagne (3,6%).

Les années 1980

Les dépenses ménagères du Swaziland étaient de 620,6 millions de dollars par an dans les années 1980, se classant au 142ème rang mondial à égalité avec le Suriname (629,1 millions de dollars), les Fidji (632,4 millions de dollars). La part dans le monde était de 0,0071% et de 0,23% en Afrique.

La part des dépenses ménagères dans le PIB de l'Eswatini était de 74,1% dans les années 1980, au 54ème rang mondial, à égalité avec le Bénin (74,7%), les Comores (74,7%), le Costa Rica (74,8%).

Les dépenses ménagères par habitant au Swaziland étaient de 899.9 dollars dans les années 1980, au 105ème rang mondial, à égalité avec Saint-Vincent-et-les-Grenadines (896,2 de dollars), la Syrie (907,2 de dollars), les Fidji (911,1 de dollars). Les dépenses ménagères par habitant au Swaziland étaient 2,0 fois inférieures les dépenses ménagères par habitant au Monde (1 808,0 US$), et 80,8% supérieures les dépenses ménagères par habitant en Afrique (497,8 US$).

La croissance des dépenses ménagères en Eswatini était de 5.7% dans les années 1980, se situant au 27ème rang mondial. La croissance des dépenses ménagères au Swaziland (5,7%) a été supérieure à celle du monde (3,0%), et supérieure à celle de l'Afrique

Chapitre XIII. Dépenses ménagères

(2,3%).

Comparaison avec les voisins. Les dépenses ménagères du Swaziland étaient inférieures à celles de l'Afrique du Sud (45,4 milliards de dollars) et du Mozambique (5,5 milliards de dollars). Les dépenses ménagères par habitant au Swaziland étaient supérieures à celles du Mozambique (438,1 de dollars); mais inférieures à celles de l'Afrique du Sud (1 407,5 de dollars). La croissance des dépenses ménagères en Eswatini était supérieure à celle de l'Afrique du Sud (3,4%) et du Mozambique (0,12%).

Comparaison avec les leaders. Les dépenses ménagères du Swaziland étaient inférieures à celles des États-Unis (2,6 billions de dollars), du Japon (945,6 milliards de dollars), de l'Allemagne (575,7 milliards de dollars), de l'URSS (424,6 milliards de dollars) et du Royaume-Uni (416,5 milliards de dollars). Les dépenses ménagères par habitant au Swaziland étaient inférieures à celles des États-Unis (10 904,4 de dollars), du Japon (7 796,6 de dollars), de l'Allemagne (7 378,3 de dollars), du Royaume-Uni (7 376,3 de dollars) et de l'URSS (1 542,8 de dollars). La croissance des dépenses ménagères en Eswatini était supérieure à celle du Japon (3,7%), du Royaume-Uni (3,5%), des États-Unis (3,2%), de l'URSS (3,0%) et de l'Allemagne (1,8%).

Les années 1990

Les dépenses ménagères de l'Eswatini étaient de 1,3 milliards de dollars par an dans les années 1990, se situant au 155ème rang mondial à égalité avec le Laos (1,3 milliards de dollars). La part dans le monde était de 0,0077% et de 0,35% en Afrique.

La part des dépenses ménagères dans le PIB du Swaziland était de 80,1% dans les années 1990, se situant au 36ème rang mondial, à égalité avec le Mali (79,9%), la république démocratique du Congo (80,4%), la Zambie (79,6%).

Les dépenses ménagères par habitant en Eswatini étaient de 1426.8 dollars dans les années 1990, se situant au 102ème rang mondial, à égalité avec le Kosovo (1 449,0 de dollars), les Fidji (1 454,1 de dollars). Les dépenses ménagères par habitant au Swaziland étaient 2,1 fois inférieures les dépenses ménagères par habitant au Monde (2 963,9 US$), et 2,7 fois supérieures les dépenses ménagères par habitant en Afrique (532,7 US$).

La croissance des dépenses ménagères au Swaziland était de 8.2% dans les années 1990, se classant au 8ème rang mondial. La croissance des dépenses ménagères au Swaziland (8,2%) a été supérieure à celle du monde (3,0%), et supérieure à celle de l'Afrique (2,6%).

Comparaison avec les voisins. Les dépenses ménagères du Swaziland étaient inférieures à celles de l'Afrique du Sud (85,1 milliards de dollars) et du Mozambique (3,3 milliards de dollars). Les dépenses ménagères par habitant en Eswatini étaient supérieures à celles du Mozambique (216,1 de dollars); mais inférieures à celles de l'Afrique du Sud (2 085,3 de dollars). La croissance des dépenses ménagères en Eswatini était supérieure à celle du Mozambique (3,1%) et de l'Afrique du Sud (2,4%).

Comparaison avec les leaders. Les dépenses ménagères du Swaziland étaient inférieures à celles des États-Unis (4,9 billions de dollars), du Japon (2,3 billions de dollars), de l'Allemagne (1,2 billions de dollars), du Royaume-Uni (884,5 milliards de dollars) et de la France (783,0 milliards de dollars). Les dépenses ménagères par habitant en Eswatini étaient inférieures à celles des États-Unis (18 538,8 de dollars), du Japon (18 170,3 de dollars), du Royaume-Uni (15 280,6 de dollars), de l'Allemagne (15 158,9 de dollars) et de la France (13 185,2 de dollars). La croissance des dépenses ménagères au Swaziland était supérieure à celle des États-Unis (3,4%), du Royaume-Uni (2,8%), de l'Allemagne (2,1%), du Japon (1,8%) et de la France (1,8%).

Les années 2000

Les dépenses ménagères de l'Eswatini étaient de 2,0 milliards de dollars par an dans les années 2000, au 157ème rang mondial. La part dans le monde était de 0,0073% et de 0,30% en Afrique.

La part des dépenses ménagères dans le PIB de l'Eswatini était de 74,9% dans les années 2000, au 63ème rang mondial, à égalité avec la Serbie (74,9%), le Sénégal (75,0%), le Niger (74,7%).

Les dépenses ménagères par habitant en Eswatini étaient de 1926.1 dollars dans les années 2000, au 116ème rang mondial, à égalité avec le Botswana (1 920,7 de dollars), la Tunisie (1 955,8 de dollars), l'Équateur (1 959,4 de dollars). Les dépenses ménagères par habitant au Swaziland étaient 2,2 fois inférieures les dépenses ménagères par habitant au Monde (4 208,2 US$), et 2,6 fois supérieures les dépenses ménagères par habitant en Afrique (735,9 US$).

La croissance des dépenses ménagères en Eswatini était de 5.3% dans les années 2000, se classant au 63ème rang mondial, à égalité avec l'Afrique centrale (5,3%), la Dominique (5,4%). La croissance des dépenses ménagères au Swaziland (5,3%) a été supérieure à celle du monde (3,0%), et inférieure à celle de l'Afrique (6,0%).

Comparaison avec les voisins. Les dépenses ménagères de l'Eswatini étaient inférieures à celles de l'Afrique du Sud (133,9 milliards de dollars) et du Mozambique (6,1 milliards de dollars). Les dépenses ménagères par habitant au Swaziland étaient supérieures à celles du Mozambique (299,9 de dollars); mais inférieures à celles de l'Afrique du Sud (2 810,1 de dollars). La croissance des dépenses ménagères en Eswatini était supérieure à celle de l'Afrique du Sud (3,9%); mais inférieure à celle du Mozambique (7,2%).

Comparaison avec les leaders. Les dépenses ménagères de l'Eswatini étaient inférieures à celles des États-Unis (8,5 billions de dollars), du Japon (2,6 billions de dollars), de l'Allemagne (1,5 billions de dollars), du Royaume-Uni (1,5 billions de dollars) et de la France (1,1 billions de dollars). Les dépenses ménagères par habitant en Eswatini étaient inférieures à celles des États-Unis (28 799,1 de dollars), du Royaume-Uni (24 959,3 de dollars), du Japon (20 355,9 de dollars), de l'Allemagne (18 912,2 de dollars) et de la France (18 146,8 de dollars). La croissance des dépenses ménagères au Swaziland était supérieure à celle des États-Unis (2,4%), du Royaume-Uni (2,1%), de la France (2,0%), du Japon (0,81%) et de l'Allemagne (0,46%).

Les années 2010

Les dépenses ménagères de l'Eswatini étaient de 3,1 milliards de dollars par an dans les années 2010, se situant au 162ème rang mondial. La part dans le monde était de 0,0071% et de 0,21% en Afrique.

La part des dépenses ménagères dans le PIB de l'Eswatini était de 69,9% dans les années 2010, se situant au 75ème rang mondial, à égalité avec le Cameroun (70,0%), Micronésie (70,1%), la Polynésie (69,6%).

Les dépenses ménagères par habitant en Eswatini étaient de 2842.3 dollars dans les années 2010, au 127ème rang mondial, à égalité avec l'Irak (2 844,3 de dollars), le Suriname (2 814,1 de dollars), la Chine (2 801,9 de dollars). Les dépenses ménagères par habitant en Eswatini étaient 2,1 fois inférieures les dépenses ménagères par habitant au Monde (6 018,5 US$), et 2,2 fois supérieures les dépenses ménagères par habitant en Afrique (1 292,9 US$).

La croissance des dépenses ménagères au Swaziland était de 0.6% dans les années 2010, se situant au 185ème rang mondial. La croissance des dépenses ménagères en Eswatini (0,57%) a été inférieure à celle du monde (2,8%), et inférieure à celle de l'Afrique (3,3%).

Comparaison avec les voisins. Les dépenses ménagères de l'Eswatini étaient 68,5 fois inférieures à celles de l'Afrique du Sud (214,8 milliards de dollars) et 3,3 fois inférieures à celles du Mozambique (10,2 milliards de dollars). Les dépenses ménagères par habitant en Eswatini étaient 7,5 fois supérieures à celles du Mozambique (380,6 de dollars); mais 27,3% inférieures à celles de l'Afrique du Sud (3 910,8 de dollars). La croissance des dépenses ménagères en Eswatini était inférieure à celle du Mozambique (5,2%) et de l'Afrique du Sud (2,3%).

Comparaison avec les leaders. Les dépenses ménagères de l'Eswatini étaient 3 890,6 fois inférieures à celles des États-Unis (12,2 billions de dollars), 1 253,9 fois inférieures à celles de la Chine (3,9 billions de dollars), 953,3 fois inférieures à celles du Japon (3,0 billions de dollars), 625,0 fois inférieures à celles de l'Allemagne (2,0 billions de dollars) et 568,6 fois inférieures à celles du Royaume-Uni (1,8 billions de dollars). Les dépenses ménagères par habitant au Swaziland étaient 1,4% supérieures à celles de la Chine (2 801,9 de dollars); mais 13,4 fois inférieures à celles des États-Unis (38 161,2 de dollars), 9,6 fois inférieures à celles du Royaume-Uni (27 164,8 de dollars), 8,4 fois inférieures à celles de l'Allemagne (23 925,0 de dollars) et 8,2 fois inférieures à celles du Japon (23 352,2 de dollars). La croissance des dépenses ménagères en Eswatini était inférieure à celle de la Chine (8,3%), des États-Unis (2,4%), du Royaume-Uni (1,8%), de l'Allemagne (1,4%) et du Japon (0,64%).

Chapitre XIV. Consommation de nourriture

Au cours de la période de recherche, la consommation alimentaire des produits suivants a augmenté: poisson (de 13,5 fois), stimulants (de 4,4 fois), fruits (de 79,0%), huiles végétales (de 65,9%), œufs (de 34,4%), mais diminué pour les produits suivants: céréales (de 3,8%), racines riches (de 4,5%), légumes (de 5,0%), sucre (de 6,1%), lait (de 16,9%), viande (de 26,0%), légumineuses (de 50,1%), alcool (de 78,3%), épices (de 3,1 fois).

Voici les coefficients de corrélation entre le RNB par habitant à prix constants et la consommation alimentaire: stimulants (0.82), fruits (0.806), poisson (0.541), huiles végétales (0.52), œufs (0.32), racines riches (-0.111), légumes (-0.276), lait (-0.365), alcool (-0.526), sucre (-0.526), épices (-0.579), viande (-0.657), légumineuses (-0.682), céréales (-0.759).

Les années 1970

La consommation de kcal au Swaziland était de 2 362,3 kcal/jour par habitant dans les années 1970, se situant au 72ème rang mondial à égalité avec le Malawi (2 362,3 kcal/jour par habitant), les Samoa (2 356,8 kcal/jour par habitant), le Guyana (2 368,3 kcal/jour par habitant). La consommation de kcal en Eswatini était inférieur à celui dans le monde (2 403,2 kcal/jour par habitant), et était supérieur à celui en Afrique (2 120,4 kcal/jour par habitant). La consommation de kcal avait la structure suivante: céréales (52%), sucre (14.6%), viande (6.4%), racines riches (6.2%), alcool (5.7%), et d'autres (15.1%).

La consommation de protéines au Swaziland était de 62,5 g/jour par habitant dans les années 1970, se classant au 73ème rang mondial à égalité avec le Sénégal (62,8 g/jour par habitant), l'Iran (62,9 g/jour par habitant), le Zimbabwe (63,0 g/jour par habitant). La consommation de protéines en Eswatini était inférieur à celui dans le monde (65,0 g/jour par habitant), et était supérieur à celui en Afrique (54,9 g/jour par habitant). La consommation de protéines avait la structure suivante: céréales (53.1%), viande (19.3%), lait (8.1%), légumineuses (5.4%), racines riches (4%), et d'autres (10.1%).

La consommation de graisse en Eswatini était de 41,6 g/jour par habitant dans les années 1970, se classant au 107ème rang mondial à égalité avec la Zambie (41,7 g/jour par habitant), le Malawi (41,7 g/jour par habitant), l'Arabie saoudite (41,9 g/jour par habitant). La consommation de graisse au Swaziland était inférieur à celui dans le monde (55,1 g/jour par habitant), et était inférieur à celui en Afrique (43,8 g/jour par habitant). La consommation de graisse avait la structure suivante: viande (26.3%), céréales (21.8%), huiles végétales (17.7%), lait (13.7%), racines riches (0.7%), et d'autres (19.8%).

Voici les niveaux de consommation alimentaire dans le classement mondial: 14ème - alcool (116,1 kg/habitant/an), 53ème - céréales (139,5 kg/habitant/an), 56ème - sucre (35,2 kg/habitant/an), 62ème - viande (30,1 kg/habitant/an), 66ème - légumineuses (5,5 kg/habitant/an), 76ème - lait (59,2 kg/habitant/an), 92ème - fruits (46,7 kg/habitant/an), 112ème - épices (0,10 kg/habitant/an), 117ème - œufs (0,79 kg/habitant/an), 118ème - stimulants (0,30 kg/habitant/an), 120ème - huiles végétales (2,7 kg/habitant/an), 125ème - légumes (18,4 kg/habitant/an), 147ème - poisson (0,10 kg/habitant/an).

Les années 1980

La consommation de kcal en Eswatini était de 2 415,6 kcal/jour par habitant dans les années 1980, au 83ème rang mondial à égalité avec le Gabon (2 412,4 kcal/jour par habitant), l'Indonésie (2 419,9 kcal/jour par habitant), la Guinée (2 421,3 kcal/jour par habitant). La consommation de kcal en Eswatini était inférieur à celui dans le monde (2 572,3 kcal/jour par habitant), et était supérieur à celui en Afrique (2 241,9 kcal/jour par habitant). La consommation de kcal avait la structure suivante: céréales (49.8%), sucre (19.7%), viande (6.1%), racines riches (5.2%), huiles végétales (4.6%), et d'autres (14.6%).

La consommation de protéines au Swaziland était de 60,5 g/jour par habitant dans les années 1980, au 92ème rang mondial à égalité avec le Malawi (60,6 g/jour par habitant), le Kenya (60,7 g/jour par habitant), les Caraïbes (61,0 g/jour par habitant). La consommation de protéines au Swaziland était inférieur à celui dans le monde (69,1 g/jour par habitant), et était supérieur à celui en Afrique (57,5 g/jour par habitant). La consommation de protéines avait la structure suivante: céréales (55.1%), viande (20.2%), lait (7.9%), légumineuses (4.7%), racines riches (3.7%), et d'autres (8.4%).

La consommation de graisse en Eswatini était de 41,2 g/jour par habitant dans les années 1980, se classant au 116ème rang mondial à égalité avec la Chine (41,2 g/jour par habitant), l'Angola (41,0 g/jour par habitant). La consommation de graisse en Eswatini était inférieur à celui dans le monde (63,2 g/jour par habitant), et était inférieur à celui en Afrique (46,6 g/jour par habitant). La consommation de graisse avait la structure suivante: huiles végétales (30.6%), viande (25.8%), céréales (15.9%), lait (13.1%), œufs (0.8%), et d'autres (13.8%).

Voici les niveaux de consommation alimentaire dans le classement mondial: 12ème - sucre (49,6 kg/habitant/an), 37ème - alcool (59,3 kg/habitant/an), 48ème - céréales (144,0 kg/habitant/an), 68ème - fruits (66,1 kg/habitant/an), 73ème - viande (30,0 kg/habitant/an), 77ème - légumineuses (4,7 kg/habitant/an), 85ème - lait (55,9 kg/habitant/an), 103ème - épices (0,18 kg/habitant/an), 107ème - œufs (1,4 kg/habitant/an), 114ème - légumes (23,1 kg/habitant/an), 115ème - stimulants (0,58 kg/habitant/an), 118ème - huiles végétales (4,6 kg/habitant/an), 147ème - poisson (0,13 kg/habitant/an).

Les années 1990

La consommation de kcal au Swaziland était de 2 255,1 kcal/jour par habitant dans les années 1990, se classant au 122ème rang mondial à égalité avec le Ghana (2 254,3 kcal/jour par habitant), le Guatemala (2 259,9 kcal/jour par habitant), l'Arménie (2 249,0 kcal/jour par habitant). La consommation de kcal en Eswatini était inférieur à celui dans le monde (2 652,6 kcal/jour par habitant), et était inférieur à celui en Afrique (2 365,6 kcal/jour par habitant). La consommation de kcal avait la structure suivante: céréales (51.6%), sucre (15.3%), viande (5.7%), racines riches (5.5%), huiles végétales (5.5%), et d'autres (16.4%).

La consommation de protéines au Swaziland était de 58,2 g/jour par habitant dans les années 1990, se situant au 117ème rang mondial à égalité avec le Guatemala (58,1 g/jour par habitant), Cuba (58,5 g/jour par habitant), le Pérou (58,7 g/jour par habitant). La consommation de protéines au Swaziland était inférieur à celui dans le monde (72,1 g/jour par habitant), et était inférieur à celui en Afrique (60,1 g/jour par habitant). La consommation de protéines avait la structure suivante: céréales (53.9%), viande (17.9%), lait (8%), légumineuses (4.9%), racines riches (3.9%), et d'autres (11.4%).

La consommation de graisse au Swaziland était de 43,5 g/jour par habitant dans les années 1990, au 134ème rang mondial à égalité avec le Nicaragua (43,6 g/jour par habitant), l'Asie du Sud (43,6 g/jour par habitant), les Philippines (43,7 g/jour par habitant). La consommation de graisse au Swaziland était inférieur à celui dans le monde (69,0 g/jour par habitant), et était inférieur à celui en Afrique (48,6 g/jour par habitant). La consommation de graisse avait la structure suivante: huiles végétales (32.3%), viande (21.2%), céréales (18.6%), lait (11.7%), noix (3.7%), et d'autres (12.5%).

Voici les niveaux de consommation alimentaire dans le classement mondial: 32ème - alcool (70,2 kg/habitant/an), 35ème - noix (2,5 kg/habitant/an), 57ème - sucre (37,1 kg/habitant/an), 71ème - céréales (136,1 kg/habitant/an), 82ème - légumineuses (4,8 kg/habitant/an), 89ème - racines riches (52,4 kg/habitant/an), 98ème - viande (26,0 kg/habitant/an), 107ème - stimulants (1,2 kg/habitant/an), 108ème - lait (53,3 kg/habitant/an), 112ème - œufs (2,3 kg/habitant/an), 129ème - épices (0,14 kg/habitant/an), 130ème - huiles végétales (5,2 kg/habitant/an), 139ème - poisson (2,8 kg/habitant/an), 150ème - légumes (24,6 kg/habitant/an).

Les années 2000

La consommation de kcal en Eswatini était de 2 347,1 kcal/jour par habitant dans les années 2000, au 133ème rang mondial à égalité avec le Guatemala (2 348,8 kcal/jour par habitant), la Grenade (2 353,4 kcal/jour par habitant), le Panama (2 354,8 kcal/jour par habitant). La consommation de kcal en Eswatini était inférieur à celui dans le monde (2 765,9 kcal/jour par habitant), et était inférieur à celui en Afrique (2 509,9 kcal/jour par habitant). La consommation de kcal avait la structure suivante: céréales (50.3%), sucre (13.8%), viande (6.1%), racines riches (5.3%), lait (5%), et d'autres (19.5%).

La consommation de protéines en Eswatini était de 63,0 g/jour par habitant dans les années 2000, se situant au 119ème rang mondial à égalité avec la Colombie (63,2 g/jour par habitant), le Tchad (62,6 g/jour par habitant). La consommation de protéines au Swaziland était inférieur à celui dans le monde (76,5 g/jour par habitant), et était inférieur à celui en Afrique (65,1 g/jour par habitant). La consommation de protéines avait la structure suivante: céréales (48.7%), viande (19%), lait (9%), légumineuses (5%), racines riches (3.5%), et d'autres (14.8%).

La consommation de graisse au Swaziland était de 48,7 g/jour par habitant dans les années 2000, au 142ème rang mondial à égalité avec l'Indonésie (48,6 g/jour par habitant), l'Asie du Sud (48,4 g/jour par habitant), les Philippines (48,4 g/jour par habitant). La consommation de graisse en Eswatini était inférieur à celui dans le monde (76,9 g/jour par habitant), et était inférieur à celui en Afrique (52,8 g/jour par habitant). La consommation de graisse avait la structure suivante: huiles végétales (24.9%), viande (21%), céréales (19.7%), lait (12.1%), noix (5.8%), et d'autres (16.5%).

Voici les niveaux de consommation alimentaire dans le classement mondial: 23ème - noix (4,4 kg/habitant/an), 33ème - alcool (78,0 kg/habitant/an), 78ème - légumineuses (5,3 kg/habitant/an), 82ème - céréales (131,3 kg/habitant/an), 95ème - fruits (69,1 kg/habitant/an), 104ème - viande (30,7 kg/habitant/an), 109ème - lait (62,8 kg/habitant/an), 110ème - stimulants (1,8 kg/habitant/an), 116ème - œufs (3,2 kg/habitant/an), 137ème - poisson (4,7 kg/habitant/an), 139ème - épices (0,14 kg/habitant/an), 156ème - huiles

Chapitre XIV. Consommation de nourriture

végétales (4,4 kg/habitant/an), 162ème - légumes (20,8 kg/habitant/an).

Les années 2010

La consommation de kcal en Eswatini était de 2 297,3 kcal/jour par habitant dans les années 2010, se classant au 151ème rang mondial à égalité avec le Botswana (2 293,8 kcal/jour par habitant). La consommation de kcal au Swaziland était inférieur à celui dans le monde (2 869,3 kcal/jour par habitant), et était inférieur à celui en Afrique (2 612,5 kcal/jour par habitant). La consommation de kcal avait la structure suivante: céréales (52.4%), sucre (14.4%), racines riches (5.9%), viande (5%), huiles végétales (4.7%), et d'autres (17.6%).

La consommation de protéines en Eswatini était de 57,1 g/jour par habitant dans les années 2010, se classant au 153ème rang mondial à égalité avec le Tadjikistan (57,2 g/jour par habitant), le Timor oriental (57,1 g/jour par habitant), l'Est (57,0 g/jour par habitant). La consommation de protéines en Eswatini était inférieur à celui dans le monde (80,6 g/jour par habitant), et était inférieur à celui en Afrique (69,0 g/jour par habitant). La consommation de protéines avait la structure suivante: céréales (54.4%), viande (16.3%), lait (8.1%), racines riches (4.3%), légumineuses (3.8%), et d'autres (13.1%).

La consommation de graisse en Eswatini était de 44,8 g/jour par habitant dans les années 2010, se situant au 161ème rang mondial à égalité avec la Tanzanie (45,1 g/jour par habitant). La consommation de graisse en Eswatini était inférieur à celui dans le monde (82,4 g/jour par habitant), et était inférieur à celui en Afrique (54,7 g/jour par habitant). La consommation de graisse avait la structure suivante: huiles végétales (27.4%), céréales (21.5%), viande (18.3%), lait (11.4%), noix (5.3%), et d'autres (16.1%).

Voici les niveaux de consommation alimentaire dans le classement mondial: 40ème - noix (3,6 kg/habitant/an), 52ème - alcool (65,1 kg/habitant/an), 76ème - fruits (83,7 kg/habitant/an), 79ème - racines riches (57,0 kg/habitant/an), 80ème - sucre (33,2 kg/habitant/an), 81ème - céréales (134,4 kg/habitant/an), 99ème - légumineuses (3,6 kg/habitant/an), 117ème - lait (50,6 kg/habitant/an), 128ème - viande (23,9 kg/habitant/an), 135ème - stimulants (1,3 kg/habitant/an), 152ème - œufs (1,1 kg/habitant/an), 157ème - huiles végétales (4,5 kg/habitant/an), 159ème - épices (0,033 kg/habitant/an), 166ème - poisson (1,4 kg/habitant/an), 167ème - légumes (17,5 kg/habitant/an).

Partie V. Reproduction

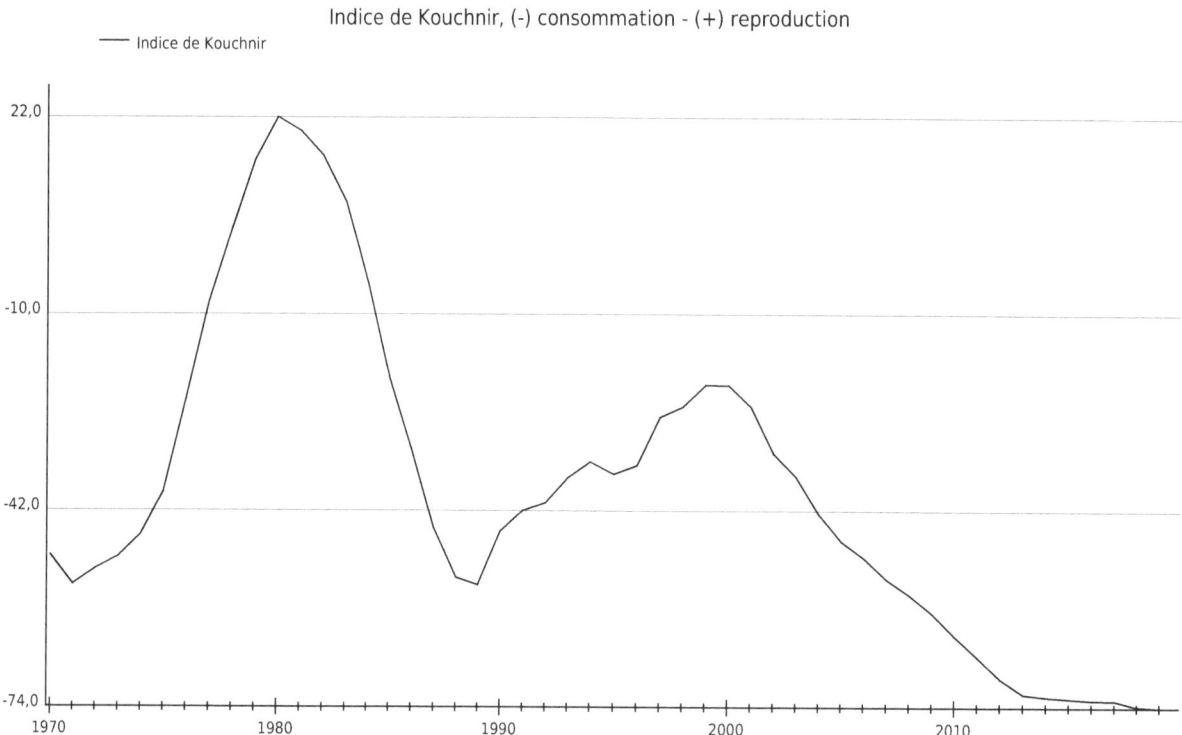

Chapitre XV. Formation de capital fixe

Formation brute de capital fixe

La formation de capital de l'Eswatini est passé de 100,2 millions de dollars par an dans les années 1970 à 565,9 millions de dollars par an dans les années 2010, c'est-à-dire 465,7 millions de dollars ou de 5,6 fois. La variation a été de 343,5 millions de dollars en raison de l'augmentation de 2,5 fois des prix, et de -675 426,3 de dollars en raison de la baisse du taux par habitant de 1,0 fois, et de 122,9 millions de dollars en raison de la croissance démographique. La croissance annuelle moyenne de la formation de capital était de 3,5%. La valeur minimale était de 37,0 millions de dollars en 1970. La valeur maximale était de 643,0 millions de dollars en 2010.

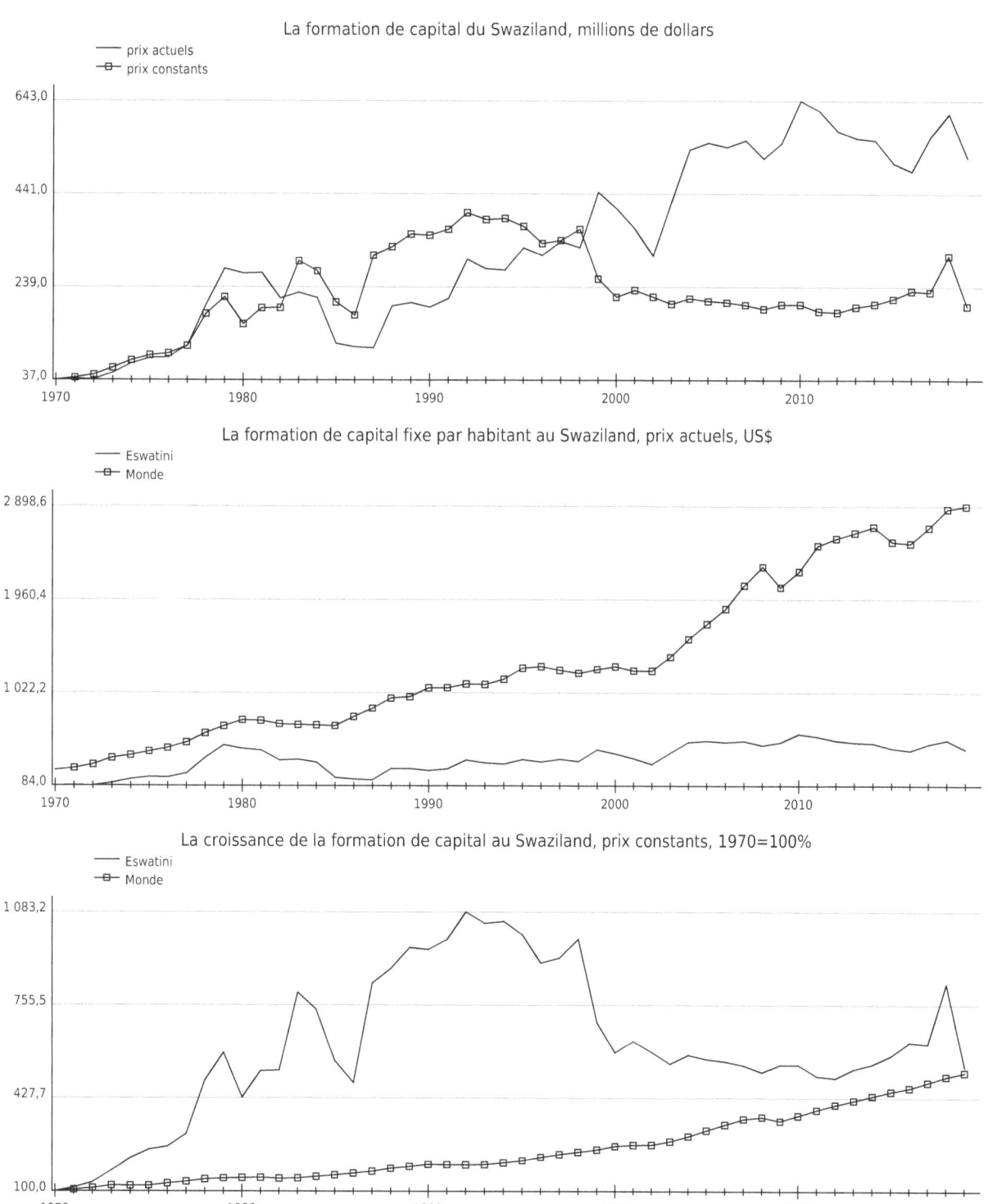

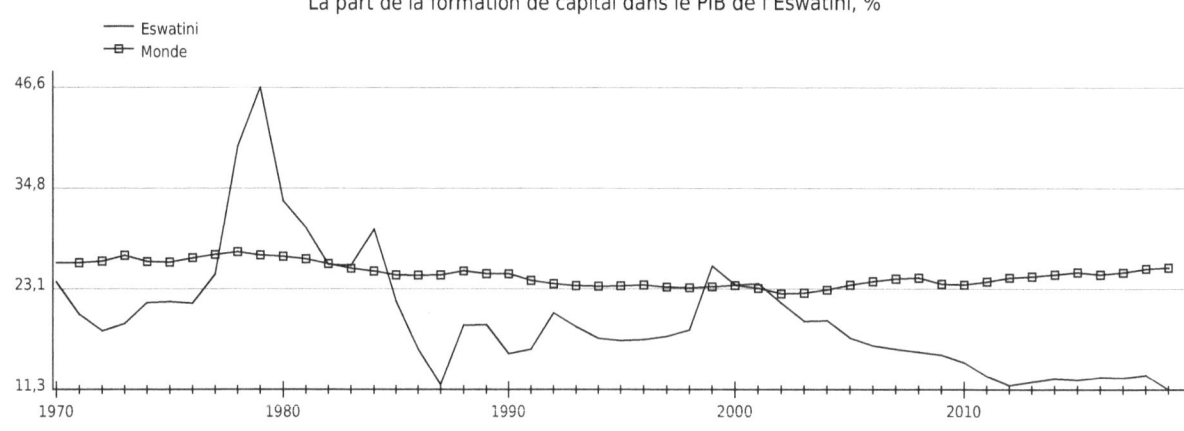

La part de la formation de capital dans le PIB de l'Eswatini, %

Les années 1970

La formation de capital du Swaziland était de 100,2 millions de dollars par an dans les années 1970, se classant au 131ème rang mondial à égalité avec la Guinée (102,4 millions de dollars). La part dans le monde était de 0,0057% et de 0,084% en Afrique.

La part de la formation de capital dans le PIB du Swaziland était de 28,4% dans les années 1970, se classant au 46ème rang mondial, à égalité avec d'Israël (28,5%), le Paraguay (28,6%), la Nouvelle-Calédonie (28,6%).

La formation de capital par habitant en Eswatini était de 202.3 dollars dans les années 1970, au 95ème rang mondial, à égalité avec la Malaisie (201,4 de dollars), la Colombie (198,2 de dollars), l'Équateur (206,7 de dollars). La formation de capital fixe par habitant au Swaziland était 2,1 fois inférieure la formation de capital fixe par habitant au Monde (433,5 US$), et 30,2% inférieure la formation de capital par habitant en Afrique (289,8 US$).

La croissance de la formation brute de capital fixe au Swaziland était de 21.7% dans les années 1970, au 2ème rang mondial. La croissance de la formation brute de capital fixe en Eswatini (21,7%) a été supérieure à celle du monde (4,2%), et supérieure à celle de l'Afrique (7,1%).

Comparaison avec les voisins. La formation de capital de l'Eswatini était inférieure à celle de l'Afrique du Sud (9,6 milliards de dollars) et du Mozambique (698,1 millions de dollars). La formation de capital fixe par habitant au Swaziland était supérieure à celle du Mozambique (69,1 de dollars); mais inférieure à celle de l'Afrique du Sud (385,1 de dollars). La croissance de la formation brute de capital fixe au Swaziland était supérieure à celle du Mozambique (3,9%) et de l'Afrique du Sud (3,5%).

Comparaison avec les leaders. La formation de capital du Swaziland était inférieure à celle des États-Unis (381,9 milliards de dollars), de l'URSS (214,6 milliards de dollars), du Japon (191,6 milliards de dollars), de l'Allemagne (125,8 milliards de dollars) et de la France (82,9 milliards de dollars). La formation de capital fixe par habitant au Swaziland était inférieure à celle des États-Unis (1 750,0 de dollars), du Japon (1 720,7 de dollars), de l'Allemagne (1 597,2 de dollars), de la France (1 545,4 de dollars) et de l'URSS (850,9 de dollars). La croissance de la formation de capital au Swaziland était supérieure à celle des États-Unis (4,4%), du Japon (3,9%), de l'URSS (3,2%), de la France (2,7%) et de l'Allemagne (1,5%).

Les années 1980

La formation de capital de l'Eswatini était de 193,1 millions de dollars par an dans les années 1980, se situant au 137ème rang mondial. La part dans le monde était de 0,0051% et de 0,098% en Afrique.

La part de la formation brute de capital fixe dans le PIB du Swaziland était de 23,1% dans les années 1980, se classant au 74ème rang mondial, à égalité avec les Salomon (23,0%), l'Europe du Sud (23,1%), les États-Unis (23,0%).

La formation de capital fixe par habitant au Swaziland était de 280 dollars dans les années 1980, se situant au 110ème rang mondial, à égalité avec la République dominicaine (282,5 de dollars), la Jamaïque (275,6 de dollars), l'Albanie (274,3 de dollars). La formation de capital par habitant en Eswatini était 2,8 fois inférieure la formation de capital par habitant au Monde (790,9 US$), et 22,7% inférieure la formation de capital par habitant en Afrique (362,0 US$).

La croissance de la formation brute de capital fixe en Eswatini était de 5% dans les années 1980, se situant au 49ème rang mondial, à égalité avec les Bermudes (5,0%), l'Australasie (5,0%). La croissance de la formation de capital en Eswatini (5,0%) a été supérieure à celle du monde (2,5%), et supérieure à celle de l'Afrique (-3,3%).

Chapitre XV. Formation de capital fixe

Comparaison avec les voisins. La formation de capital du Swaziland était inférieure à celle de l'Afrique du Sud (19,7 milliards de dollars) et du Mozambique (631,4 millions de dollars). La formation de capital par habitant en Eswatini était supérieure à celle du Mozambique (50,6 de dollars); mais inférieure à celle de l'Afrique du Sud (610,6 de dollars). La croissance de la formation brute de capital fixe en Eswatini était supérieure à celle de l'Afrique du Sud (0,21%) et du Mozambique (-4,9%).

Comparaison avec les leaders. La formation de capital du Swaziland était inférieure à celle des États-Unis (958,4 milliards de dollars), du Japon (571,7 milliards de dollars), de l'URSS (271,0 milliards de dollars), de l'Allemagne (238,1 milliards de dollars) et de la France (164,3 milliards de dollars). La formation de capital par habitant en Eswatini était inférieure à celle du Japon (4 713,7 de dollars), des États-Unis (4 002,1 de dollars), de l'Allemagne (3 052,1 de dollars), de la France (2 907,7 de dollars) et de l'URSS (984,8 de dollars). La croissance de la formation brute de capital fixe au Swaziland était supérieure à celle du Japon (4,8%), des États-Unis (3,1%), de la France (2,4%), de l'URSS (1,7%) et de l'Allemagne (1,4%).

Les années 1990

La formation de capital du Swaziland était de 300,1 millions de dollars par an dans les années 1990, se classant au 155ème rang mondial. La part dans le monde était de 0,0044% et de 0,24% en Afrique.

La part de la formation de capital dans le PIB du Swaziland était de 18,4% dans les années 1990, au 154ème rang mondial, à égalité avec les Comores (18,4%), la Guinée-Bissau (18,5%), la Papouasie-Nouvelle-Guinée (18,5%).

La formation de capital fixe par habitant au Swaziland était de 328.3 dollars dans les années 1990, au 124ème rang mondial, à égalité avec le Guyana (327,9 de dollars), le Maroc (329,1 de dollars), le Vanuatu (329,3 de dollars). La formation de capital fixe par habitant au Swaziland était 3,6 fois inférieure la formation de capital par habitant au Monde (1 183,8 US$), et 89,6% supérieure la formation de capital par habitant en Afrique (173,2 US$).

La croissance de la formation brute de capital fixe en Eswatini était de -3.2% dans les années 1990, au 177ème rang mondial, à égalité avec les îles Cook (-3,2%). La croissance de la formation brute de capital fixe au Swaziland (-3,2%) a été inférieure à celle du monde (2,8%), et inférieure à celle de l'Afrique (3,2%).

Comparaison avec les voisins. La formation de capital de l'Eswatini était inférieure à celle de l'Afrique du Sud (23,4 milliards de dollars) et du Mozambique (560,6 millions de dollars). La formation de capital par habitant au Swaziland était supérieure à celle du Mozambique (37,0 de dollars); mais inférieure à celle de l'Afrique du Sud (573,3 de dollars). La croissance de la formation brute de capital fixe en Eswatini était inférieure à celle du Mozambique (7,4%) et de l'Afrique du Sud (1,3%).

Comparaison avec les leaders. La formation de capital fixe de l'Eswatini était inférieure à celle des États-Unis (1,6 billions de dollars), du Japon (1,3 billions de dollars), de l'Allemagne (520,7 milliards de dollars), de la France (299,3 milliards de dollars) et du Royaume-Uni (250,0 milliards de dollars). La formation de capital fixe par habitant au Swaziland était inférieure à celle du Japon (10 425,9 de dollars), de l'Allemagne (6 456,6 de dollars), des États-Unis (6 067,2 de dollars), de la France (5 039,5 de dollars) et du Royaume-Uni (4 319,1 de dollars). La croissance de la formation de capital au Swaziland était inférieure à celle des États-Unis (4,8%), de l'Allemagne (2,4%), du Royaume-Uni (1,7%), de la France (1,5%) et du Japon (0,18%).

Les années 2000

La formation de capital du Swaziland était de 476,1 millions de dollars par an dans les années 2000, se situant au 166ème rang mondial à égalité avec le Tadjikistan (471,2 millions de dollars), les Fidji (468,0 millions de dollars), le Groenland (484,9 millions de dollars). La part dans le monde était de 0,0043% et de 0,19% en Afrique.

La part de la formation de capital dans le PIB de l'Eswatini était de 18,0% dans les années 2000, se classant au 174ème rang mondial, à égalité avec les Fidji (17,9%), la Barbade (18,1%), le Soudan (17,8%).

La formation de capital fixe par habitant en Eswatini était de 462 dollars dans les années 2000, se classant au 135ème rang mondial, à égalité avec l'Asie centrale (456,7 de dollars). La formation de capital fixe par habitant au Swaziland était 3,7 fois inférieure la formation de capital fixe par habitant au Monde (1 690,7 US$), et 64,5% supérieure la formation de capital fixe par habitant en Afrique (280,9 US$).

La croissance de la formation brute de capital fixe en Eswatini était de -2.4% dans les années 2000, se classant au 199ème rang mondial. La croissance de la formation de capital en Eswatini (-2,4%) a été inférieure à celle du monde (3,5%), et inférieure à celle de l'Afrique (5,6%).

Comparaison avec les voisins. La formation de capital du Swaziland était inférieure à celle de l'Afrique du Sud (41,2 milliards de dollars) et du Mozambique (1,1 milliards de dollars). La formation de capital fixe par habitant au Swaziland était supérieure à celle du Mozambique (55,8 de dollars); mais inférieure à celle de l'Afrique du Sud (865,1 de dollars). La croissance de la formation de capital en Eswatini était inférieure à celle du Mozambique (11,0%) et de l'Afrique du Sud (7,4%).

Comparaison avec les leaders. La formation de capital fixe de l'Eswatini était inférieure à celle des États-Unis (2,8 billions de dollars), du Japon (1,2 billions de dollars), de la Chine (1,0 billions de dollars), de l'Allemagne (557,7 milliards de dollars) et de la France (463,9 milliards de dollars). La formation de capital fixe par habitant en Eswatini était inférieure à celle des États-Unis (9 376,4 de dollars), du Japon (8 981,8 de dollars), de la France (7 386,7 de dollars), de l'Allemagne (6 851,1 de dollars) et de la Chine (782,2 de dollars). La croissance de la formation brute de capital fixe au Swaziland était inférieure à celle de la Chine (13,4%), de la France (1,6%), des États-Unis (0,43%), de l'Allemagne (-0,56%) et du Japon (-2,0%).

Les années 2010

La formation de capital fixe du Swaziland était de 565,9 millions de dollars par an dans les années 2010, au 176ème rang mondial à égalité avec le Timor oriental (562,7 millions de dollars). La part dans le monde était de 0,0029% et de 0,11% en Afrique.

La part de la formation de capital dans le PIB du Swaziland était de 12,6% dans les années 2010, se classant au 201ème rang mondial, à égalité avec les Bermudes (12,7%).

La formation de capital par habitant en Eswatini était de 513.3 dollars dans les années 2010, se classant au 157ème rang mondial, à égalité avec l'Ukraine (513,3 de dollars), le Viêt Nam (515,2 de dollars), l'Asie du Sud (516,4 de dollars). La formation de capital fixe par habitant en Eswatini était 5,1 fois inférieure la formation de capital par habitant au Monde (2 621,1 US$), et 16,5% supérieure la formation de capital fixe par habitant en Afrique (440,4 US$).

La croissance de la formation de capital au Swaziland était de -0.2% dans les années 2010, se classant au 173ème rang mondial. La croissance de la formation de capital au Swaziland (-0,16%) a été inférieure à celle du monde (4,1%), et inférieure à celle de l'Afrique (3,1%).

Comparaison avec les voisins. La formation de capital du Swaziland était 122,2 fois inférieure à celle de l'Afrique du Sud (69,2 milliards de dollars) et 8,7 fois inférieure à celle du Mozambique (4,9 milliards de dollars). La formation de capital par habitant au Swaziland était 2,8 fois supérieure à celle du Mozambique (184,2 de dollars); mais 2,5 fois inférieure à celle de l'Afrique du Sud (1 259,4 de dollars). La croissance de la formation brute de capital fixe en Eswatini était inférieure à celle du Mozambique (15,2%) et de l'Afrique du Sud (0,92%).

Comparaison avec les leaders. La formation de capital du Swaziland était 7 992,0 fois inférieure à celle de la Chine (4,5 billions de dollars), 6 359,7 fois inférieure à celle des États-Unis (3,6 billions de dollars), 2 138,5 fois inférieure à celle du Japon (1,2 billions de dollars), 1 329,7 fois inférieure à celle de l'Allemagne (752,5 milliards de dollars) et 1 231,2 fois inférieure à celle de l'Inde (696,8 milliards de dollars). La formation de capital par habitant en Eswatini était 21,9 fois inférieure à celle des États-Unis (11 264,9 de dollars), 18,4 fois inférieure à celle du Japon (9 460,2 de dollars), 17,9 fois inférieure à celle de l'Allemagne (9 192,9 de dollars), 6,3 fois inférieure à celle de la Chine (3 224,9 de dollars) et 4,1% inférieure à celle de l'Inde (535,2 de dollars). La croissance de la formation brute de capital fixe en Eswatini était inférieure à celle de la Chine (8,0%), de l'Inde (5,8%), des États-Unis (3,8%), de l'Allemagne (2,8%) et du Japon (1,8%).

www.ingramcontent.com/pod-product-compliance
Lightning Source LLC
Chambersburg PA
CBHW080523220526
45465CB00006B/2581